YOUERYUAN BANRIBAN

JIAYUAN GONGYU JIAOSHI

GONGZUO SHOUCE

幼儿园半日班

家园共育教师工作手册

乔梅 张平 陈立 主编

中国农业出版社

农村读物出版社

北 京

编写人员名单

主　编： 乔　梅　　张　平　　陈　立
副主编： 高　云　　周玉平　　梁　艳
编　委： 李建丽　　王　岚　　于艳萍　　单银雪　　张雪红
作　者：（排名不分先后）

马晓曼　　宋有月　　张依琨　　肖文卿　　周缕萌

李　洋　　李桂芝　　曹明静　　康腾颖　　王芷若

王红梅　　贡　颖　　周　娟　　马文慧　　孟凡星

陈　悦　　张晓艳　　杨紫慧　　李　静　　白　爽

苏　杉　　周思贤　　赵　蕊　　王海洋　　仇贺男

池　婷　　丁　萌　　孙　硕　　韩　鸫

序　言

一、为什么举办半日班？——迫不得已的求新举措

2015 年 10 月，中国共产党第十八届五中全会决定实施全面二孩政策。至此，中国实施了 30 多年的独生子女政策宣告结束，出生人口进入了新高峰。对于北京市西城区来讲，解决独生子女"入园难"的问题还未完成，全面二孩生育政策的出台，使得儿童入园的紧张程度再次被提到一个新的高度。

作为政府教育职能部门，面对这样的新挑战怎么办？马上建一大批幼儿园来不及，但是又要解决入园教育的刚性需求，而且教育质量还不能降低。因为在社会主义现代化建设的新阶段，百姓对优质学前教育资源的需求是更为强烈与多元化的，必须努力办人民满意的学前教育。为此，我们通过大量的事实调查，依据教育部《幼儿园工作规程》第七条的规定："幼儿园可分为全日制、半日制、定时制、季节制和寄宿制等。上述形式可以分别设置，也可以混合设置"，决定在北京市西城区对存量幼儿园进行挖潜，创新举办小班半日班，通过上下午轮换教学的方式，增加收托量，解决"入园难"的问题，缓解入园压力。

二、半日班的新挑战——教育管理观念在更新

一个决定好做，实践探索起来真难。

一方面，老百姓接受新鲜事物有点困难。多年来，老百姓习惯了幼儿园"全日制""寄宿制"的保育教育服务方式，认为把孩子交给幼儿园就万事大吉，一天都不用操心了。幼儿园"半日制"却需要家长频繁接送，刚开始提供这样的教育服务成为社会关注的新焦点，一些百姓不接受也不太满意。因此，我们把"半日制"试点幼儿园定位在优质的公办示范园，特别是居民密

集居住区，方便市民就近接送儿童。这样既能保障就近入园，又能保障教育质量，力图提高满意率。

另一方面，幼儿园接受新鲜事物也面临着挑战。多年来，"全日制"幼儿园形成了一整套"幼儿一日生活常规"，教师在进餐、如厕、午睡、游戏、上课、户外活动等环节都有一套管理办法。现在，"半日制"来了，不吃饭，不午睡，这可怎么教？幼儿园开展上下午轮换教学，使得儿童增加了，家长工作量加大了，而且大部分接送孩子的家长是爷爷奶奶，教育观念有代沟且差异大，家长工作难度可想而知。

为此，北京市西城区教育委员会学前教育科委托北京市西城区教育研修学院学前部专门成立"半日制"幼儿园教育教学研究组，由西城教育研修学院学前部张平老师和棉花胡同幼儿园高云副书记、洁如业务园长梁燕牵头，带领北海幼儿园、棉花胡同幼儿园、三教寺幼儿园、洁民幼儿园、洁如幼儿园、实验幼儿园、名苑幼儿园等多所幼儿园中的业务干部和骨干老师，重点研究并破解难题，解决半日制幼儿园运行规范等问题，从半日制幼儿园各项管理制度、环境创设、课程设置、家长工作、教育评价等方面进行行动研究。经过两年的试点研究与运行，"半日制"幼儿园教育教学研究组探索总结出一些实践经验，在西城区召开了现场会，并向全区幼儿园汇报研究成果，这才有了这本《幼儿园半日班家园共育教师工作手册》。

三、半日班怎么教？——教育内容与共育方式在创新

儿童的受教育过程是多人共舞的过程，幼儿园教育绝对不能替代家庭教育。幼儿园仅仅是在儿童启蒙教育阶段，针对儿童在园生活教育去影响儿童，并对儿童家庭教育进行帮助与指导。为此，面对幼儿一半时间在园，一半时间在家接受看护的"半日制"教育特点，老师们认真研究了祖辈教育和父辈教育的区别，使得半日教育内容和家长工作更有针对性。

例如，针对幼儿半日来园的特点，参加教研组的幼儿园共同研究制定了上下午半日活动常规、培养儿童劳动自理能力方案、与同伴交往能力培养策略、家庭亲子游戏、家园共育方案等，使得教师开展半日保育教育有了依据

和专业支持，工作卓有成效。

另外，考虑儿童父母因上班不能来接送孩子，无法跟老师见面交流的情况，教师们特别研究出了微课小视频，给家长播放，供家长了解幼儿园教育内容与手段，指导家庭教育，使得儿童在自理能力、礼貌教育、认知等方面进步较快。

这些教育内容与工作方式的创新都源于幼儿教师的责任感和专业精神，在落实《幼儿园工作规程》《幼儿园教育指导纲要》《3～6 岁儿童学习与发展指南》的过程中不断探究，努力为社会提供公平而有质量的学前教育。

四、半日班的启示——从儿童需要出发，教育在改变

半日班的试点工作是成功的。儿童半日参加幼儿园集体活动，半日在家自由活动，不紧张、不焦虑，轻松自然。家长和孩子们从不适应到适应，儿童快乐入园，出勤率较高。这也从侧面反映了尊重儿童成长与发育规律，以儿童需求为主体的半日教育方式其实是一种教育观念的进步。今后，西城区还将继续尝试全日制、半日制、小时制等多种保育教育服务方式，顺应和满足儿童与家长多元化的教育需求，办人民满意的学前教育。

北京市西城区教育委员会　乔　梅

2021 年 4 月

目 录

第一章 CHAPTER 1
半日班调研结果分析与建议 ▶▶▶

一、半日班研究的缘起

作为与全日制相区别的一种办园模式，半日制幼儿园在中国香港、美国相对普遍，而大陆地区关于开办半日制幼儿园的成熟经验非常有限。项目组以"教育质量提升视阈下，幼儿园半日小班规范管理与家园共育课程建设实践研究"为题开展研究，主要基于以下原因。

一方面，半日班是增加学位、解决社会"入园难"问题的重要途径，但由于开设半日班的经验很少，因此幼儿园面临各种问题。随着我国计划生育政策的改变，尤其是 2016 年开始实施的全面二孩政策使得社会入园需求增强，同时家庭对优质学前教育资源的需求更为强烈和多元化，从而导致公办园学位更加紧缺。《幼儿园工作规程》指出：幼儿园可分为全日制、半日制、定时制、季节制和寄宿制等。针对"入园难"的问题，2017 年，北京市西城区积极推进幼儿园建设和多种形式办园，鼓励幼儿园举办半日班，增加学位应对"入园难"问题。然而，研究者在对半日班办学现状的调研中发现，各园普遍对半日班的特点、相匹配的课程与管理机制缺乏细致研究，比如许多半日班作息是全日班的简单切割，而非通过研究进行的科学合理规划，因而研究半日班势在必行。

另一方面，半日班家园共育课程建设是提升半日班教育质量的关键。充足的教育时间是保障教育效果的关键因素，半日班幼儿在园时间有限，进而凸显了其在家接受适宜教育的必要性，因此家园共育工作就显得更加重要。那么，幼儿在园接受优质学前教育的同时，如何将幼儿园教育向家庭进行延伸？如何为教师提供改进教育教学的抓手，同时培养教师有效开展家园共育工作的能力？由此可见，构建半日班家园共育课程是提升半日班教育质量的关键。

二、半日班办学现状与问题分析

研究之初，笔者通过问卷调查与实地走访相结合的形式，对6所开办半日班的幼儿园的管理者和教师，从半日班教师、课程安排、家长工作、半日班管理、幼儿发展等方面进行了调查。

1. 教师方面：对半日班教师的相关培训存在欠缺，家长工作量较全日班大。 调查发现，目前承担半日班工作的教师中，25%是新教师或青年教师，70%没有带半日班的经验，87%的教师没有经过半日制教育教学的相关培训。

在班级教师配备上，40%的班级是一教一保，27%的班级是两教，33%的班级是两教一保。62%的半日班幼儿人数保持在20～25，38%的半日班幼儿人数低于20。半日班教师反映：单从师幼比来看，每天上下午的师幼比都能保持在1∶11～1∶13，但家长工作任务较重，因为2名教师要面向50位家长。半日班的家长工作比全日班更加重要，沟通的内容更多、频率更高、压力更大。此外，由于班级教师人数少，教师外出学习更加困难。

2. 课程安排：半日班的课程是全日班课程的"切割"，未体现半日班教育的特殊性。 调查发现，半日班在班级教学活动、流程安排、环境创设与材料投放等方面均与全日制班级一样。其中，20%的半日班教师会选择相对固定的教材，如《快乐发展课程》《方案教学课程》等。80%的教师表示半日班没有固定的教材，但基本按照全日班的活动内容开展。当进一步追问"半日班幼儿比整日班幼儿在园时间短一半，无法完成整日班的所有课程内容，在沿用整日班课程时如何取舍？"时，大部分教师表示课程取舍随意性较大，无明确的标准。

3. 家长工作：半日班家园活动形式丰富，但家长工作开展的难度大。 调查发现，半日班教师普遍认为家长工作非常重要，班级会组织家长会、家长沙龙、家长助教、家访等多种形式的活动。其中，教师采用家访、家长助教的频率较低，家长会、亲子活动、半日开放三种途径使用频率较高。

一半左右的教师认为半日班家园合作存在挑战，半日班中，老人和保姆是幼儿的主要照料者，教师难以与老人和保姆进行有效沟通是导致家园共育较难进行的主要原因。另外，家园教育的要求和理念不一致，也导致幼儿园教育难以有效实施。

4. 管理方面：半日班办学情况差异大，没有形成较完善的管理规范。调查发现，各园对半日班的管理存在差异。比如，在收费上，半日班保教费为整日班的一半，饭费按日统计结算，其中有的幼儿园能提供一餐一点，有的幼儿园可提供两餐一点，还有的幼儿园只能提供加餐，因此饭费各有不同。半日班幼儿在园时长也不尽相同，上午班幼儿在园时长在 2.5～4.5 小时不等，下午班幼儿在园时长为 2～3.5 小时不等。上下午班幼儿轮换的周期也不相同，每周一轮，每两周一轮，一个月、两个月轮换一次的情况均存在。此外，半日班的卫生保健管理制度在各园所间也存在差异，玩具、图书、活动室、水杯牙刷等的消毒频率也不同。

由上述调查结果可知，西城区各园半日班办学情况各不相同，半日班管理基本沿用全日班管理模式。但半日班幼儿的作息安排、幼儿生活常规及教师工作要求、半日班幼儿接送安全、家长工作等方面都存在独特性，针对这些方面的管理制度尚未建立完善。

5. 幼儿发展：半日班幼儿的生活自理能力、运动能力、社会交往能力等方面的发展还需提高。教师在发展评估中发现，由于半日班幼儿在园时间短，生活活动相对较少，户外运动时间短，半日班幼儿普遍存在生活自理能力弱、运动能力欠缺，社会交往表现出胆怯和自信心不足的问题。通过对家长关注的幼儿发展问题的调查发现，家长关注度由强到弱的情况依次为：生活自理能力＞社会交往＞分离焦虑＞习惯培养。由此可知，教师普遍认为半日班幼儿生活自理能力弱，同时这也是家长最关心的问题，应该成为半日班保教工作和家园共育工作的重点。

三、半日班办学形式的实践探索

（一）完善半日班管理制度，提高半日班管理工作的规范性和科学性

针对半日班办学的复杂情况，半日班研究组搭建了各园之间分享交流的平台，一方面，研究组在分析现有半日班管理中存在的问题，借鉴与研讨各

园半日班已有制度的基础上，形成了相对健全、有针对性的半日班管理制度，包括半日班幼儿安全管理制度、半日班卫生保健管理制度、半日班教师管理制度、半日班家长联系制度、半日班幼儿生活常规及教师工作要求（分上下午和有无餐版）、半日班作息时间表（分上下午和有无餐版）等。另一方面，我们强调各园在此管理制度的基础上，根据园所实际情况灵活调整，满足半日班教育质量的需要。

（二）以半日班家园共育课程建设为切入点，研究半日课程向家庭的延伸

针对半日班办学模式的特点，研究组以半日班家园共育课程建设为切入点，研究半日班课程向家庭的延伸，从而提高教师开展半日活动的质量，支持家长利用幼儿在家的半日时间开展更有质量的教育。研究小组编撰了《半日班家园共育教师工作手册》和《半日班家园共育家长操作手册》。《半日班家园共育教师工作手册》旨在为教师开展半日班家园共育工作提供理论与实践支持，围绕前期调研中发现的半日班幼儿在生活自理能力、社会交往能力及运动能力三方面的欠缺，为教师提供家园共育课程方案参考。《半日班家园共育家长操作手册》旨在转变家长家庭教育理念，解答家长教育难题，同时配合教师工作手册的内容，为家长提供相应的可以在家庭中开展的亲子活动，提高亲子陪伴的质量与家园共育的水平。

（三）借助信息化手段，丰富半日班家园沟通的途径

半日班与全日班的最大差别就在于半日班幼儿在园时间短，半日班幼儿的全面发展离不开家庭与幼儿园的密切配合。为了提高半日班家园共育工作的便捷性和针对性，半日班教研组教师研究了利用信息技术手段开展家园共育工作的方法，通过制作美篇、公众号、录制短视频、线上打卡等方式，向家长宣传常用的育儿知识，教给家长家庭教育的具体方法与途径，提高家园教育的一致性，形成家园合力，从而用家庭教育弥补幼儿在园时间短，某些方面教育缺失与不足的问题。如针对半日班幼儿在园没有进餐、午睡等生活环节，半日班幼儿用餐、穿脱衣服等方面的自理能力在幼儿园锻炼的比较少的问题，教师通过录制视频教幼儿穿脱衣服、正确握勺，鼓励家长在家庭中

有意识、有计划地培养幼儿的生活自理能力。又如，为了让家长看见幼儿在园的学习与成长，半日班教师与家长共同制作"幼儿成长电子日记"，让家长感受到有效的家园携手对幼儿成长的积极作用，增强共育的信心和成就感。

（四）研训一体化，引领半日班教师专业成长

由于半日班对大部分教师而言是一个新尝试，教师缺乏研究经验，需要在教育实践中不断探索，总结新经验与好方法，因此，半日班教研活动始终坚持理论学习与教育实践相结合的基本原则，坚持研训一体化的方式。一方面，围绕半日班幼儿的重点发展目标，邀请相关领域的专家学者给教师做专题培训。如针对半日班幼儿体能发展目标，研究组邀请第六幼儿园园长周老师以"小班体育活动的开展"为题为大家做了专题讲座，从小班幼儿的运动特点、体育活动设计的目标、内容和方法等方面进行了指导。半日班教研组的教师根据周老师的指导，将理论与实践相结合，设计并实践了半日小班体育活动，明确了适合半日班幼儿在园体育活动的基本特征，提高了半日班户外体育活动的科学性与适宜性，同时，也梳理总结了半日班幼儿在家中可以进行的亲子体育游戏，助力家长开展家庭教育。另一方面，研究组坚持以每个半日班教师自身就是半日班研究领域的"专家"为基本思想，鼓励教师不断总结与梳理半日班教育的经验，围绕半日班"家园共育课程建设"的总方向，结合园所特点、班级实际和自身兴趣，组成研究共同体，开展小课题研究。研究组陆续走进多所幼儿园，观摩半日活动，参观班级和园所环境，交流家园共育经验，开展教研活动。在多次实践观摩与教研活动中，教研组教师不仅互相展示与分享了半日班的教育经验与想法，而且进一步明确了"半日班教育必然是家园共同参与的过程"的观点。

经过一年多的半日班研究活动，研究组看到了以下变化。

1. 家长对半日班教育态度的转变。家长从半日班开办之初的不接受、无奈之举到现在对半日班教育的信任，对半日班教师专业性的认可，对幼儿园教育理念的肯定，半日班工作卓有成效。

2. 幼儿发展的变化。由于家园共育课程的实践，教师反映半日班幼儿升入中班后，在生活自理能力和常规培养方面与全日班孩子基本相同。此

外，半日班建立了更加密切的亲子关系和亲师关系。

3. 亲子关系的变化。半日班是适应社会需要而产生的办学形式，在将幼儿园教育的部分任务转移到家庭教育的同时，为家长提供了进行家庭教育的有效方案和支持策略，客观上为家长创设了参与幼儿教育的环境与条件，提高了家长的育儿水平，拉近了亲子关系。

4. 教师的变化。从最初参加半日班研究活动时表现出的焦虑、茫然，到现在因为家长对半日班工作的认可而带来的自信、成就感，教师的专业性在不断提升。

第二章 CHAPTER 2
半日班的管理及工作要求 ▶▶▶

一、半日班的管理制度

（一）半日班安全管理制度

为加强幼儿园半日班的安全管理，维护幼儿园正常的教学秩序，保障幼儿园各项工作顺利进行，确保幼儿的生命安全，特制定本制度。

▶▶▶ 接送幼儿制度

1. 幼儿早、午来园，必须由家长持接送卡送至教室门口，交给带班教师方可离去。

2. 每日认真进行晨午检。园医及带班教师分别检查孩子的健康、精神状况；检查幼儿是否携带危险品入园（如别针、珠子、尖针、小刀等），如有发现，及时帮助幼儿保管，离园后交还家长并告知；提醒家长不给幼儿佩戴饰物。

3. 带班教师及时记好考勤，并随时清点。如果孩子在园中途被接走，需记录在交接班本上，并向其他教师说明。

4. 中午及下午离园，禁止幼儿独自出教室。家长接幼儿时，须持接送卡入园，站在门口有序排队，幼儿与教师互道"再见"后方可离开。如果家长临时委托他人来接，教师必须与家长通电话确认后方可允许幼儿离园，禁止将幼儿交给陌生人和未成年人。

5. 门卫坚守岗位，幼儿来园、离园时在大门口巡视，提醒家长看好幼儿，注意门口来往车辆。防止幼儿擅自离园，除来园、离园外，其余时间关好园门。

6. 对外来人员要询问登记，身份不明者不得进园。

7. 保教主任、总务主任定期检查送、接秩序，发现问题及时处理。

▶▶▶ 幼儿服药制度

1. 保育员要求家长填写服药单并保管好家长拿来的幼儿药物（幼儿不能擅自将药物交给老师），将药物放入小药箱，避免幼儿接触。

2. 教师及保育员喂药时要仔细核对，做到四查（查姓名、查药品、查服药时间、查剂量），防止发生错误。服药前提醒幼儿先喝两口水再服药，服药后若发现幼儿有异常反应及时送保健医处理。严禁错服、漏服现象的发生。服药单保存一周。严禁以任何名义自行给幼儿服药。

3. 教师注意对幼儿进行日常观察，发现幼儿有发烧或其他不舒服的情况，要及时告知家长，并交给保健医处理。

▶▶▶ 幼儿事故处理制度

1. 幼儿在园内发生磕碰、擦伤、摔伤、身体异常等情况时，应立即送往保健室请求保健医处理，并告知家长。如保健医解决不了，应及时送往医院进行抢救，并立即通知家长。

2. 发生重大事故时，应第一时间通知园领导、保健医、家长，当班教师对事故发生情况、上报情况形成书面材料，做好幼儿的安抚工作及家长沟通工作，如因故意隐瞒、脱岗对幼儿园造成影响，按责任事故处理，追究当事人责任。

▶▶▶ 幼儿外出活动的管理制度

1. 组织幼儿外出活动（春游、秋游、参观访问）必须提前申报，制定安全措施，活动方案必须经园领导审阅签字同意后方可实施。

2. 活动时班组长是各班的具体责任人，跟班教师负连带责任。各班教师严密组织、时刻关注每个孩子的动向，确保外出活动安全有序开展。

3. 活动的路线地点应在事前进行实地勘察，不得组织幼儿到危险的地方开展活动。

4. 活动来往的交通工具必须向有营运资格证的专业运输部门租用或者由家长接送幼儿。

5. 每次活动都要有安全、保卫、意外事故的应急预案。

▶▶▶ 其他幼儿安全管理制度

1. 各班每学期采用多样化的教育形式对幼儿进行安全知识教育活动，提高幼儿自我保护意识与能力。

2. 严禁幼儿单独在房间。

3. 严禁幼儿进入厨房，热的汤、菜、饭以及开水要放在安全的地方并加盖，禁止放在幼儿可接触的地方，避免烫伤、防止污染。幼儿饮用的水、牛奶、豆浆等温度要适宜。

4. 保育员每天检查桌椅、床，防止钉子外露以及木制品毛刺扎伤幼儿。

5. 成人剪刀、针等锐利物品要放在成人专用材料柜内，避免幼儿接触。

6. 幼儿进餐、吃午点时禁止批评幼儿，防止哭闹时进餐，避免食物进入气管。

7. 保育员使用的消毒液、洗涤剂等放在幼儿够不到的专用物品柜内。

8. 洗衣机用后及时断电，电源插座（尤其是接线板）放在幼儿摸不到的地方。经常检查电器是否符合安全要求。严禁教师在园内乱接电源，违章使用电器。

9. 总务主任定期检查园内各种体育、户外活动器械、消防、基建等设施情况，对有不安全因素的设施立即予以维修或拆除。班组长经常对班级的活动室、寝室、盥洗室等设备、设施进行安全检查，检查深入细致，发现隐患及时上报、清除并做好相应记录。防止发生失火、触电、砸伤等事故。

10. 灭虫药物、消毒剂等有专人负责投放，记录好投放堆数，并严禁放在班上。严格投放时间，在双休日投放，下周一早上幼儿来园前全数收回。

11. 严格把好食品质量关。

12. 班级发生传染病严格按照《传染病管理制度》执行。

(二) 半日班家长联系制度

1. 建立良好的家园关系，杜绝不正常的家园交往，树立幼儿园教师的良好形象。

2. 由家长自愿申请参加班级家长委员会代表的评选，每班选出 1~2 名代表参加园级家长委员会，共同参与幼儿园的管理。

3. 定期向家长征求对幼儿园管理、伙食质量、教育质量、家园共育等方面的意见，发挥家长督促、管理的作用。

4. 定期召开家长会，每学期两次，向家长介绍幼儿园工作计划和本班教育教学工作开展情况、幼儿发展现状等，虚心听取意见，不断改进工作。

5. 班级设立"家长园地"，向家长介绍班级活动，宣传科学育儿的知识。

6. 班级有计划地向家长开放半日或开展亲子活动（每学期至少2次），帮助家长了解幼儿生活、学习情况，请家长根据需要自选参加。

7. 教师每月定期组织家长沙龙活动，介绍本月幼儿发展目标及相关活动，做好家庭教育的延伸，指导家长的家庭教育。

8. 教师每天利用接送幼儿时间与家长进行简短的沟通，每周五作为家长约谈日，与家长进行较长时间的沟通。

9. 幼儿入园前，教师要通过家长问卷、家访等与幼儿及家长熟识，了解幼儿入园前的养育情况，指导家长为幼儿做好入园前的相关准备，帮助幼儿及其家长顺利度过入园焦虑期。

10. 教师要善于梳理总结家园共育中的案例及经验，形成可借鉴的相关资料。

二、半日班幼儿生活常规的培养及教师工作要求

（一）半日班幼儿生活常规及教师工作要求（上午无餐）

表1　半日班幼儿生活常规及教师工作要求（上午无餐）

时间	活动环节	幼儿活动	主班教师工作要求	助教工作要求
8:00～8:30	来园	1. 来园时有礼貌地向老师问好，与家长告别。 2. 在老师或家长的帮助下尝试将衣服挂到指定地点。	1. 来园后用肥皂洗手，做好幼儿来园准备：开窗通风、打水、放好水杯，为幼儿准备好毛巾。 2. 在门口热情接待幼儿来园，主动向家长了解幼儿在家的情况，记录家长交代的事情。	1. 做好每日大面清洁，保证幼儿活动场所的卫生及安全。 2. 协助主班教师做好接待幼儿来园的活动，对幼儿及家长热情、有礼貌。

（续）

时间	活动环节	幼儿活动	主班教师工作要求	助教工作要求
8：00～8：30	来园	3. 洗手、挂毛巾、搬椅子、放好自己的小水杯。 4. 自由进入活动区开始游戏。	3. 做好幼儿晨检工作，了解和观察幼儿健康情况，做到心中有数。 4. 教师要注意同时关注活动室与盥洗室的幼儿，不留死角。 5. 观察并指导幼儿自然进入活动区游戏。	3. 注意做好本职工作的同时，配合主班老师照顾已来园幼儿，及时补位。 4. 指导幼儿搬椅子、洗手、挂毛巾、放水杯。秋冬季节为幼儿准备擦手油。 5. 进入活动区和幼儿一起游戏，并进行适当指导。
8：30～9：10	游戏活动	1. 幼儿自选游戏内容，游戏中爱护玩具，友好与同伴交往。 2. 遵守各个游戏区的游戏规则，不在活动室内乱跑，不大声喧哗，不影响别人。 3. 能够积极与玩具材料互动，喜欢探究玩具材料的不同玩法。 4. 在游戏中遇到问题或困难尝试自己解决或寻求老师及同伴的帮助。	1. 根据本班的实际情况充分利用空间，合理创设区域，并为幼儿创设宽松和谐的游戏环境。 2. 为幼儿提供充足的材料，材料体现多样性和层次性。 3. 教师参与幼儿的游戏，了解幼儿的需要，并适时地对幼儿的游戏进行指导。 4. 与幼儿一起协商建立游戏区域、游戏规则。 5. 注意发挥幼儿在游戏中的主动性。 6. 认真观察、分析幼儿的游戏表现，能根据幼儿的发展水平及时调整活动内容。 7. 游戏中注意培养幼儿良好的行为习惯。	1. 了解每周活动区的指导重点，有计划有目的地参与幼儿的游戏，指导幼儿游戏。 2. 与主班教师配合，根据游戏活动需要制作玩具材料。 3. 每周定期消毒、清洗、修补玩具。 4. 活动区结束，配合主班教师组织幼儿收放玩具。
9：10～9：40	学习活动	1. 积极主动地参与学习活动。活动时注意力集中，积极动脑筋。 2. 敢在众人面前大胆表达自己的想法和意见，喜欢提问，学会倾听。	1. 根据教育目标选择教育内容，为幼儿提供操作与表现的机会。 2. 准备好操作材料，便于幼儿操作和探索。	1. 了解主班教师的工作计划及活动要求，主动配合。 2. 协助主班教师准备好学习教具及场地，帮助教师发放学具或材料。

（续）

时间	活动环节	幼儿活动	主班教师工作要求	助教工作要求
9:10~9:40	学习活动	3. 基本形成正确的坐姿及握笔、看书的正确姿势。 4. 会使用各种学具，用完后整齐地收放，有良好的学习习惯。	3. 引导幼儿在感知体验中主动学习，为幼儿留有探讨思考的空间和时间。 4. 观察幼儿的表现，及时调整教学计划，捕捉教育契机，引导幼儿总结活动结果。 5. 培养幼儿正确的坐姿和书写姿势，保护幼儿的视力。	3. 在活动中注意个别指导。 4. 纠正幼儿的不良坐姿及不良习惯。 5. 保持室内环境空气清新，活动后协助教师收拾作品、学具、材料，清理场地。
9:40~10:00	加餐及生活活动	1. 幼儿完成自己的游戏及收拾整理的内容，有序如厕、洗手、喝水。 2. 轻轻地坐到位子上，从桌子上取加餐。 3. 文明进餐，不挑食，专心地吃完自己的一份加餐，保持衣物和桌面整洁。 4. 吃完加餐后能自主整理桌面，将废弃物放进垃圾桶，用餐巾纸擦嘴，将水杯或餐盘放在指定地点。 5. 吃完加餐的幼儿在教师的指导下整理服装，为户外活动做准备。	1. 有序组织幼儿洗手，秋冬季节为幼儿准备擦手油。 2. 对做事认真的幼儿给予鼓励。提醒幼儿安静做事，动作快，抓紧时间。 3. 为幼儿创设愉快安静的加餐环境。不处理与加餐无关的问题，保证幼儿愉快进餐。 4. 培养幼儿正确的进餐习惯和坐姿，不挑食吃完自己的一份加餐。 5. 认真观察幼儿的加餐情况，查看有无异常。特别关注身体不适幼儿的加餐情况。	1. 为洗完手的幼儿及时分加餐，避免等待现象的发生。 2. 为幼儿介绍加餐内容，简单地告诉幼儿对身体的好处。 3. 指导幼儿正确的用餐方法，养成文明进餐的习惯。 4. 鼓励幼儿进餐，及时提醒进餐慢和精神不集中的幼儿，培养良好的进餐习惯，不催吃。 5. 做好餐后的送餐具及卫生清扫工作。
10:00~11:00	户外活动	1. 幼儿排队和教师一起去户外活动。 2. 和教师一起做准备活动。	1. 做好户外活动前的准备工作：清除活动场地的危险物；准备好体育器材和玩具；活动前向幼儿讲清活动内容和要求。 2. 教师精神饱满地组织户外游戏活动，激发幼儿参与户外活动的兴趣。	1. 按教师要求做好活动前的准备工作：检查活动场地及器材的安全；准备户外手头玩具材料，并按要求摆放到相应的地点。 2. 协助教师随时检查（增减）幼儿服装，系好鞋带，披好裤子。

（续）

时间	活动环节	幼儿活动	主班教师工作要求	助教工作要求
10:00～11:00	户外活动	3. 能正确地模仿教师做出动作，动作有力。 4. 在指定地点活动，不远离教师，遵守游戏规则。 5. 冬季锻炼不怕冷，夏季学会找阴凉的地方活动。	3. 观察幼儿活动情况，参与幼儿活动，掌握幼儿活动量和活动密度，注意动静交替，引导幼儿学会自我保护。 4. 保证每日户外活动的时间。 5. 心中有目标，活动有重点，能够有针对性地指导幼儿活动。 6. 动作要夸张，吸引幼儿的兴趣。鼓励幼儿做动作，提醒幼儿动作要到位。	3. 亲自参与到幼儿的游戏中，激发幼儿的活动兴趣，协助教师指导幼儿练习基本动作并进行个别指导。 4. 注意观察幼儿的活动量，照顾体弱儿、肥胖儿。 5. 提醒个别幼儿及时小便。 6. 活动结束后及时整理器械玩具，分类送回器械架。
11:00～11:20	生活活动	1. 跟随教师回教室。 2. 如厕，按正确方法洗手，打开毛巾擦手。 3. 根据需要喝水。	1. 指导幼儿有序如厕、洗手、喝水。 2. 检查幼儿是否正确洗手，及时提醒幼儿要摘下毛巾擦手。 3. 检查幼儿的喝水量。	1. 注意提醒幼儿先洗手再喝水。与主班教师合理分工照顾幼儿活动。 2. 随时将地面水渍擦干净，避免幼儿滑倒。
11:20～11:40	离园	1. 离园前自由活动或跟随教师进行半日活动的回顾。 2. 在教师的帮助下整理好衣服，等待离园。 3. 听到教师叫名字，拿好物品，穿好衣服，收拾好玩具，向教师和小朋友有礼貌地说"再见"后高高兴兴地离园。 4. 不在幼儿园操场玩耍。	1. 组织幼儿自由选择游戏或开展离园前的回顾活动。 2. 帮助幼儿整理好衣服。有礼貌地和幼儿及家长道别。 3. 热情主动地与个别家长沟通。 4. 避免不熟悉的人接走孩子。 5. 耐心照顾好因家长有事未按时接走的幼儿。 6. 离园前关好门窗水电，做好收尾工作。	1. 协助主班教师做好幼儿的离园工作。 2. 打扫干净每个角落。 3. 洗净水杯并消毒。 4. 将用过的幼儿毛巾洗干净并送去消毒。

（二）半日班幼儿生活常规及教师工作要求（上午有餐）

表 2　半日班幼儿生活常规及教师工作要求（上午有餐）

时间	活动环节	幼儿活动	主班教师工作要求	助教工作要求
7:30～8:00	来园	1. 来园时有礼貌地向教师问好，与家长告别。 2. 在教师或家长的帮助下，尝试将衣服挂到指定地方。 3. 自己搬椅子、洗手、挂毛巾，放好自己的小水杯，准备就餐。	1. 来园后用肥皂洗手，做好幼儿来园准备：开窗通风、打水、放好水杯，为幼儿准备好毛巾。 2. 在门口热情接待幼儿来园，主动向家长了解幼儿在家的情况，记录家长交代的事情。 3. 做好幼儿晨检工作，了解和观察幼儿健康情况，做到心中有数。 4. 教师要注意同时关注活动室与盥洗室的幼儿，不留死角。	1. 做好每日大面清洁，保证幼儿活动场所的卫生及安全。 2. 协助主班教师做好接待幼儿来园的活动，对幼儿及家长热情、有礼貌。 3. 注意做好本职工作的同时，配合主班老师照顾已来园幼儿，及时补位。 4. 指导幼儿搬椅子、洗手、挂毛巾、放水杯。秋冬季节为幼儿准备擦手油。
8:00～8:30	早餐	1. 洗手后自取主食到餐桌旁就餐（教师按桌发放菜盘）。 2. 在教师的照顾下正确进餐： （1）保持安静，坐姿端正。 （2）学习正确使用餐具，一手扶碗、一手拿勺。 （3）干稀搭配，主副食搭配吃，不挑食、不剩饭。 （4）保持衣物和桌面整洁。 （5）当需要添饭时能主动举手。 3. 用餐后插好自己的小椅子，将餐具分类放在指定地点。 4. 餐后用餐巾擦嘴，漱口。	1. 创设愉快安静的进餐环境，不处理与进餐无关的问题，保证幼儿愉快进餐。 2. 培养幼儿正确的进餐习惯和姿势，不挑食、不剩饭。 3. 认真观察幼儿的进食量，查看有无异常。特别关注体弱儿、肥胖儿和身体不适的幼儿。 4. 提示幼儿正确送餐具。 5. 检查幼儿擦嘴、漱口的情况。	1. 提前做好餐前的卫生消毒工作。 2. 摆放好餐具，为幼儿分发饭菜，注意避免等待。 3. 协助主班教师指导幼儿正确使用餐具，培养良好的进餐习惯。 4. 鼓励幼儿进餐，为幼儿添饭菜，及时提醒进餐慢和精神不集中的幼儿，不催饭。 5. 做好餐后收拾整理工作。

（续）

时间	活动环节	幼儿活动	主班教师工作要求	助教工作要求
8:30~9:10	游戏活动	1. 餐后幼儿自选游戏内容，游戏中爱护玩具，友好与同伴交往。 2. 遵守各个游戏区的游戏规则，不在活动室内乱跑，不大声喧哗，不影响别人。 3. 能够积极与玩具材料互动，喜欢探究玩具材料的不同玩法。 4. 在游戏中遇到问题或困难尝试自己解决或寻求老师及同伴的帮助。	1. 根据本班的实际情况充分利用空间，合理创设区域，并为幼儿创设宽松和谐的游戏环境。 2. 为幼儿提供充足的材料，材料体现多样性和层次性。 3. 教师参与幼儿的游戏，了解幼儿的需要，并适时地对幼儿的游戏进行指导。 4. 与幼儿一起协商建立游戏区域、游戏规则。 5. 注意发挥幼儿在游戏中的主动性。 6. 认真观察、分析幼儿的游戏表现，能根据幼儿的发展水平及时调整活动内容。 7. 游戏中注意培养幼儿良好的行为习惯。 8. 游戏后组织幼儿进行游戏梳理与回顾。	1. 幼儿自发游戏内容，游戏中爱护玩具，友好与同伴交往。 2. 遵守各个游戏区的游戏规则，不在活动室内乱跑，不大声喧哗，不影响别人。 3. 能够积极与玩具材料互动，喜欢探究玩具材料的不同玩法。 4. 在游戏中遇到问题或困难尝试自己解决或寻求老师及同伴的帮助。
9:10~9:40	学习活动	1. 积极主动地参与学习活动。活动时注意力集中，积极动脑筋。 2. 敢在众人面前大胆表达自己的想法和意见，喜欢提问，学会倾听。 3. 基本形成正确的坐姿及握笔、看书的正确姿势。 4. 会使用各种学具，用完后整齐地收放，有良好的学习习惯。	1. 根据教育目标选择教育内容，为幼儿提供操作与表现的机会。 2. 准备好操作材料，便于幼儿操作和探索。 3. 引导幼儿在感知体验中主动学习，为幼儿留有探讨思考的空间和时间。 4. 观察幼儿的表现，及时调整教学计划，捕捉教育契机，引导幼儿总结活动结果。 5. 培养幼儿正确的坐姿和书写姿势，保护幼儿的视力。	1. 了解主班教师的工作计划及活动要求，主动配合。 2. 协助主班教师准备好学习教具及场地，帮助教师发放学具或材料。 3. 在活动中注意个别指导。 4. 纠正幼儿的不良坐姿及不良习惯。 5. 保持室内环境空气清新，活动后协助教师收拾作品、学具、材料，清理场地。

（续）

时间	活动环节	幼儿活动	主班教师工作要求	助教工作要求
9:40～10:00	加餐及生活活动	1. 幼儿完成自己的游戏及收拾整理的内容，有序如厕、洗手、喝水。 2. 轻轻地坐到位子上，从桌子上取加餐。 3. 文明进餐，不挑食，专心地吃完自己的一份加餐，保持衣物和桌面整洁。 4. 吃完加餐后能自主整理桌面，将废弃物放进垃圾桶，用餐巾纸擦嘴，将水杯或餐盘放在指定地点。 5. 吃完加餐的幼儿在教师的指导下整理服装，为户外活动做准备。	1. 有序组织幼儿洗手，秋冬季节为幼儿准备擦手油。 2. 对做事认真的幼儿给予鼓励。提醒幼儿安静做事，动作快，抓紧时间。 3. 为幼儿创设愉快安静的加餐环境。不处理与加餐无关的问题，保证幼儿愉快进餐。 4. 培养幼儿正确的进餐习惯和坐姿，不挑食吃完自己的一份加餐。 5. 认真观察幼儿的加餐情况，查看有无异常。特别关注身体不适幼儿的加餐情况。	1. 为洗完手的幼儿及时分加餐，避免等待现象的发生。 2. 为幼儿介绍加餐内容，简单地告诉幼儿对身体的好处。 3. 指导幼儿正确的用餐方法，养成文明进餐的习惯。 4. 鼓励幼儿进餐，及时提醒进餐慢和精神不集中的幼儿，培养良好的进餐习惯，不催吃。 5. 做好餐后的送餐具及卫生清扫工作。
10:00～11:00	户外活动	1. 幼儿排队和教师一起去户外活动。 2. 和教师一起做准备活动。 3. 能正确地模仿教师做出动作，动作有力。 4. 在指定地点活动，不远离教师，遵守游戏规则。 5. 冬季锻炼不怕冷，夏季学会找阴凉的地方活动。	1. 做好户外活动前的准备工作：清除活动场地的危险物；准备好体育器材和玩具；活动前向幼儿讲清活动内容和要求。 2. 教师精神饱满地组织户外游戏活动，激发幼儿参与户外活动的兴趣。 3. 观察幼儿活动情况，参与幼儿活动，掌握幼儿活动量和活动密度，注意动静交替，引导幼儿学会自我保护。 4. 保证每日户外活动的时间。 5. 心中有目标，活动有重点，能够有针对性地指导幼儿活动。 6. 动作要夸张，吸引幼儿的兴趣。鼓励幼儿做动作，提醒幼儿动作要到位。	1. 按教师要求做好活动前的准备工作：检查活动场地及器材的安全；准备户外手头玩具材料，并按要求摆放到相应的地点。 2. 协助教师随时检查（增减）幼儿服装，系好鞋带，掖好裤子。 3. 亲自参与到幼儿的游戏中，激发幼儿的活动兴趣，协助教师指导幼儿练习基本动作并进行个别指导。 4. 注意观察幼儿的活动量，照顾体弱儿、肥胖儿。 5. 提醒个别幼儿及时小便。 6. 活动结束后及时整理器械玩具，分类送回器械架。

（续）

时间	活动环节	幼儿活动	主班教师工作要求	助教工作要求
11:00～11:20	生活活动	1. 跟随教师回教室。 2. 如厕，按正确方法洗手，打开毛巾擦手。 3. 根据需要喝水。	1. 指导幼儿有序如厕、洗手、喝水。 2. 检查幼儿是否正确洗手，及时提醒幼儿要摘下毛巾擦手。 3. 检查幼儿的喝水量。	1. 注意提醒幼儿先洗手再喝水。与主班教师合理分工照顾幼儿活动。 2. 随时将地面水渍擦干净，避免幼儿滑倒。
11:20～11:50	午餐	1. 洗手后自取主食到餐桌旁就餐（教师按桌发放菜盘）。 2. 在教师的照顾下正确进餐。 （1）保持安静，坐姿端正。 （2）学习正确使用餐具，一手扶碗、一手拿勺。 （3）干稀搭配，主副食搭配吃，不挑食、不剩饭。 （4）保持衣物和桌面整洁。 （5）当需要添饭时能主动举手。 3. 用餐后插好自己的小椅子，将餐具分类放在指定地点。 4. 餐后用餐巾擦嘴，漱口。	1. 创设愉快安静的进餐环境，不处理与进餐无关的问题，保证幼儿愉快进餐。 2. 培养幼儿正确的进餐习惯和姿势，不挑食、不剩饭。 3. 认真观察幼儿的进食量，查看有无异常。特别关注体弱儿、肥胖儿和身体不适的幼儿。 4. 提示幼儿正确送餐具。 5. 检查幼儿擦嘴、漱口的情况。	1. 提前做好餐前的卫生消毒工作。 2. 摆放好餐具，为幼儿分发饭菜，注意避免等待。 3. 协助主班教师指导幼儿正确使用餐具，培养良好的进餐习惯。 4. 鼓励幼儿进餐，为幼儿添饭菜，及时提醒进餐慢和精神不集中的幼儿，不催饭。 5. 做好餐后收拾整理工作。
11:50～12:00	离园	1. 离园前自由活动或跟随教师进行半日活动的回顾。 2. 离园前拿好物品，穿好衣服，收拾好玩具，向教师和小朋友有礼貌地道别后离园。	1. 组织幼儿自由选择游戏或开展离园前的回顾活动。 2. 帮助幼儿整理好衣服，有礼貌地和幼儿及家长道别。 3. 热情主动地与个别家长沟通。 4. 避免不熟悉的人接走孩子。 5. 耐心照顾好因家长有事未按时接走的幼儿。 6. 离园前关好门窗水电，做好收尾工作。	1. 协助主班教师做好幼儿的离园工作。 2. 打扫干净每个角落。 3. 洗净水杯并消毒。 4. 将用过的幼儿毛巾洗干净并送去消毒。

（三）半日班幼儿生活常规及教师工作要求（下午无餐）

表3 半日班幼儿生活常规及教师工作要求（下午无餐）

时间	活动环节	幼儿活动	主班教师工作要求	助教工作要求
14:00~14:30	来园及加餐	1. 来园时有礼貌地向教师问好，与家长告别。 2. 在教师或家长的帮助下，尝试将衣服挂到指定地点。 3. 自己搬椅子、洗手、挂毛巾，放好自己的小水杯。 4. 轻轻地坐到位子上，从桌子上取加餐，文明进餐，专心地吃完自己的加餐，保持衣物和桌面整洁。 5. 吃完加餐后自主收拾整理桌面，将废弃物放进垃圾桶，用餐巾纸擦嘴，将水杯或餐盘放在指定地点。 6. 加餐后自主选择游戏区活动。	1. 来园后用肥皂洗手，做好幼儿来园准备：开窗通风、打水、放好水杯、为幼儿准备毛巾。 2. 在门口热情接待幼儿来园，主动向家长了解幼儿在家的情况，记录家长交代的事情。 3. 做好幼儿午检工作，了解和观察幼儿的健康情况，做到心中有数。 4. 要注意同时关注活动室与盥洗室的幼儿，不留死角。 5. 为幼儿创设温馨舒适的进餐环境。 6. 培养幼儿正确的进餐习惯和姿势，鼓励幼儿不挑食，吃完自己的加餐。 7. 认真观察幼儿的加餐情况，特别关注身体不适的幼儿。	1. 做好每日大面清洁，保证幼儿活动场所的卫生及安全。 2. 协助主班教师做好接待幼儿的来园活动，对幼儿及家长热情、有礼貌。 3. 指导幼儿搬椅子、洗手、挂毛巾、放水杯。秋冬季节为幼儿准备擦手油。 4. 为洗完手的幼儿及时分加餐，避免出现等待现象。 5. 指导幼儿正确的用餐方法，养成文明进餐的习惯。 6. 鼓励幼儿进餐，及时提醒进餐慢和精神不集中的幼儿，培养良好的进餐习惯，不催吃。 7. 做好餐后的送餐具及卫生清扫工作。
14:30~15:10	游戏活动	1. 幼儿自选游戏内容，游戏中爱护玩具，友好与同伴交往。 2. 遵守各个游戏区的游戏规则，不在活动室内乱跑、大声喧哗，不影响别人。	1. 根据本班的实际情况充分利用空间，合理创设区域，并为幼儿创设宽松和谐的游戏环境。 2. 为幼儿提供充足的材料，材料体现多样性和层次性。	1. 了解每周活动区的指导重点，有计划有目的地参与幼儿的游戏，指导幼儿游戏。 2. 配合主班教师根据游戏需要制作玩具材料。

（续）

时间	活动环节	幼儿活动	主班教师工作要求	助教工作要求
14:30～15:10	游戏活动	3. 能够与玩具材料积极地互动，喜欢探究玩具材料的不同玩法。 4. 在游戏中遇到问题或困难时，尝试自己解决或寻求教师及同伴的帮助。	3. 教师参与幼儿的游戏，了解幼儿的需要，并适时对幼儿的游戏进行指导。 4. 与幼儿一起协商建立游戏区域、游戏规则。 5. 注意发挥幼儿在游戏中的主动性。 6. 认真观察并分析幼儿的游戏表现，能根据幼儿的发展水平及时调整活动内容。 7. 游戏中注意培养幼儿良好的行为习惯。 8. 游戏结束后指导幼儿进行简单的梳理与回顾。	3. 每周定期消毒、清洗、修补玩具。 4. 活动区结束后，配合主班教师组织幼儿收放玩具。
15:10～15:40	学习活动	1. 积极主动地参与学习活动。活动时注意力集中，积极动脑筋。 2. 敢在众人面前大胆表达自己的想法和意见，喜欢提问，学会倾听。 3. 基本形成正确的坐姿及握笔、看书的正确姿势。 4. 会使用各种学具，用完后整齐地收放，有良好的学习习惯。	1. 根据教育目标选择教育内容，为幼儿提供操作与表现的机会。 2. 准备好操作材料，便于幼儿操作和探索。 3. 引导幼儿在感知体验中主动学习，为幼儿留有探讨思考的空间和时间。 4. 观察幼儿的表现，及时调整教学计划，捕捉教育契机，引导幼儿总结活动结果。 5. 培养幼儿正确的坐姿和书写姿势，保护幼儿的视力。	1. 了解主班教师的工作计划及活动要求，主动配合。 2. 协助主班教师准备好学习教具及场地，帮助教师发放学具或材料。 3. 在活动中注意个别指导。 4. 纠正幼儿的不良坐姿及不良习惯。 5. 保持室内环境空气清新，活动后协助教师收拾作品、学具、材料，清理场地。

（续）

时间	活动环节	幼儿活动	主班教师工作要求	助教工作要求
15:40～16:40	户外活动	1. 幼儿排队和教师一起去户外活动。 2. 和教师一起做准备活动。 3. 能正确地模仿教师做出动作，动作有力。 4. 在指定地点活动，不远离教师，遵守游戏规则。 5. 冬季锻炼不怕冷，夏季学会找阴凉的地方活动。	1. 做好户外活动前的准备工作：清除活动场地的危险物；准备好体育器材和玩具；活动前向幼儿讲清活动内容和要求。 2. 教师精神饱满地组织户外游戏活动，激发幼儿参与户外活动的兴趣。 3. 观察幼儿活动情况，参与幼儿活动，掌握幼儿活动量和活动密度，注意动静交替，引导幼儿学会自我保护。 4. 保证每日户外活动的时间。 5. 心中有目标，活动有重点，能够有针对性地指导幼儿活动。 6. 动作要夸张，吸引幼儿的兴趣。鼓励幼儿做动作，提醒幼儿动作要到位。	1. 按教师要求做好活动前的准备工作：检查活动场地及器材的安全；准备户外手头玩具材料，并按要求摆放到相应的地点。 2. 协助教师随时检查（增减）幼儿服装，系好鞋带，掖好裤子。 3. 亲自参与到幼儿的游戏中，激发幼儿的活动兴趣，协助教师指导幼儿练习基本动作并进行个别指导。 4. 注意观察幼儿的活动量，照顾体弱儿、肥胖儿。 5. 提醒个别幼儿及时小便。 6. 活动结束后及时整理器械玩具，分类送回器械架。
16:40～17:00	生活活动	1. 跟随教师回教室。 2. 如厕，按正确方法洗手，打开毛巾擦手。 3. 根据需要喝水。	1. 指导幼儿有序如厕、洗手、喝水。 2. 检查幼儿是否正确洗手，及时提醒幼儿要摘下毛巾擦手。 3. 检查幼儿的喝水量。	1. 注意提醒幼儿先洗手再喝水。与主班教师合理分工照顾幼儿活动。 2. 随时将地面水渍擦干净，避免幼儿滑倒。
17:00～17:15	离园	1. 离园前自由活动或跟随教师进行半日活动的回顾。 2. 离园前拿好物品，穿好衣服，收拾好玩具，向教师和小朋友有礼貌地道别后离园。	1. 组织幼儿自由选择游戏或开展离园前的回顾活动。 2. 帮助幼儿整理好衣服。有礼貌地和幼儿及家长道别。 3. 热情主动地与个别家长沟通。	1. 协助主班教师做好幼儿的离园工作。 2. 打扫干净每个角落。 3. 洗净水杯并消毒。

（续）

时间	活动环节	幼儿活动	主班教师工作要求	助教工作要求
17:00～17:15	离园		4. 避免不熟悉的人接走孩子。 5. 耐心照顾好因家长有事未按时接走的幼儿。 6. 离园前关好门窗水电，做好收尾工作。	4. 将用过的幼儿毛巾洗干净并送去消毒。

（四）半日班幼儿生活常规及教师工作要求（下午有餐）

表4　半日班幼儿生活常规及教师工作要求（下午有餐）

时间	活动环节	幼儿活动	主班教师工作要求	助教工作要求
14:00～14:20	来园及加餐	1. 来园时有礼貌地向教师问好，与家长告别。 2. 在教师或家长的帮助下，尝试将衣服挂到指定地点。 3. 自己搬椅子、洗手、挂毛巾，放好自己的小水杯。 4. 轻轻地坐到位子上，从桌子上取加餐，文明进餐，专心地吃完自己的加餐，保持衣物和桌面整洁。 5. 吃完加餐后能自主收拾整理桌面，将废弃物放进垃圾桶，用餐巾纸擦嘴，将水杯或餐盘放在指定地点。 6. 加餐后自主选择游戏区活动。	1. 来园后用肥皂洗手，做好幼儿来园准备：开窗通风、打水、放好水杯、为幼儿准备毛巾。 2. 在门口热情接待幼儿来园，主动向家长了解幼儿在家的情况，记录家长交代的事情。 3. 做好幼儿午检工作，了解和观察幼儿的健康情况，做到心中有数。 4. 要注意同时关注活动室与盥洗室的幼儿，不留死角。 5. 为幼儿创设温馨舒适的进餐环境。 6. 培养幼儿正确的进餐习惯和姿势，鼓励幼儿不挑食，吃完自己的加餐。 7. 认真观察幼儿的加餐情况，特别关注身体不适的幼儿。	1. 做好每日大面清洁，保证幼儿活动场所的卫生及安全。 2. 协助主班教师做好接待幼儿的来园活动，对幼儿及家长热情、有礼貌。 3. 指导幼儿搬椅子、洗手、挂毛巾、放水杯。秋冬季节为幼儿准备擦手油。 4. 为洗完手的幼儿及时分加餐，避免出现等待现象。 5. 指导幼儿正确的用餐方法，养成文明进餐的习惯。 6. 鼓励幼儿进餐，及时提醒进餐慢和精神不集中的幼儿，培养良好的进餐习惯，不催吃。 7. 做好餐后的送餐具及卫生清扫工作。

（续）

时间	活动环节	幼儿活动	主班教师工作要求	助教工作要求
14:20～14:50	游戏活动	1. 幼儿自选游戏内容，游戏中爱护玩具，友好与同伴交往。 2. 遵守各个游戏区的游戏规则，不在活动室内乱跑、大声喧哗，不影响别人。 3. 能够与玩具材料积极地互动，喜欢探究玩具材料的不同玩法。 4. 在游戏中遇到问题或困难时，尝试自己解决或寻求教师及同伴的帮助。	1. 根据本班的实际情况充分利用空间，合理创设区域，并为幼儿创设宽松和谐的游戏环境。 2. 为幼儿提供充足的材料，材料体现多样性和层次性。 3. 教师参与幼儿的游戏，了解幼儿的需要，并适时对幼儿的游戏进行指导。 4. 与幼儿一起协商建立游戏区域、游戏规则。 5. 注意发挥幼儿在游戏中的主动性。 6. 认真观察并分析幼儿的游戏表现，能根据幼儿的发展水平及时调整活动内容。 7. 游戏中注意培养幼儿良好的行为习惯。 8. 游戏结束后指导幼儿进行简单的梳理与回顾。	1. 了解每周活动区的指导重点，有计划有目的地参与幼儿的游戏，指导幼儿游戏。 2. 配合主班教师根据游戏需要制作玩具材料。 3. 每周定期消毒、清洗、修补玩具。 4. 活动区结束后，配合主班教师组织幼儿收放玩具。
14:50～15:20	学习活动	1. 积极主动地参与学习活动。活动时注意力集中，积极动脑筋。 2. 敢在众人面前大胆表达自己的想法和意见，喜欢提问，学会倾听。 3. 基本形成正确的坐姿及握笔、看书的正确姿势。 4. 会使用各种学具，用完后整齐地收放，有良好的学习习惯。	1. 根据教育目标选择教育内容，为幼儿提供操作与表现的机会。 2. 准备好操作材料，便于幼儿操作和探索。 3. 引导幼儿在感知体验中主动学习，为幼儿留有探讨思考的空间和时间。 4. 观察幼儿的表现，及时调整教学计划，捕捉教育契机，引导幼儿总结活动结果。 5. 培养幼儿正确的坐姿和书写姿势，保护幼儿的视力。	1. 了解主班教师的工作计划及活动要求，主动配合。 2. 协助主班教师准备好学习教具及场地，帮助教师发放学具或材料。 3. 在活动中注意个别指导。 4. 纠正幼儿的不良坐姿及不良习惯。 5. 保持室内环境空气清新，活动后协助教师收拾作品、学具、材料，清理场地。

（续）

时间	活动环节	幼儿活动	主班教师工作要求	助教工作要求
15:20～16:20	户外活动	1. 幼儿排队和教师一起去户外活动。 2. 和教师一起做准备活动。 3. 能正确地模仿教师做出动作，动作有力。 4. 在指定地点活动，不远离教师，遵守游戏规则。 5. 冬季锻炼不怕冷，夏季学会找阴凉的地方活动。	1. 做好户外活动前的准备工作：清除活动场地的危险物；准备好体育器材和玩具；活动前向幼儿讲清活动内容和要求。 2. 教师精神饱满地组织户外游戏活动，激发幼儿参与户外活动的兴趣。 3. 观察幼儿活动情况，参与幼儿活动，掌握幼儿活动量和活动密度，注意动静交替，引导幼儿学会自我保护。 4. 保证每日户外活动的时间。 5. 心中有目标，活动有重点，能够有针对性地指导幼儿活动。 6. 动作要夸张，吸引幼儿的兴趣。鼓励幼儿做动作，提醒幼儿动作要到位。	1. 按教师要求做好活动前的准备工作：检查活动场地及器材的安全；准备户外手头玩具材料，并按要求摆放到相应的地点。 2. 协助教师随时检查（增减）幼儿服装，系好鞋带，掖好裤子。 3. 亲自参与到幼儿的游戏中，激发幼儿的活动兴趣，协助教师指导幼儿练习基本动作并进行个别指导。 4. 注意观察幼儿的活动量，照顾体弱儿、肥胖儿。 5. 提醒个别幼儿及时小便。 6. 活动结束后及时整理器械玩具，分类送回器械架。
16:20～16:30	生活活动	1. 跟随教师回教室。 2. 如厕，按正确方法洗手，打开毛巾擦手。 3. 根据需要喝水。	1. 指导幼儿有序如厕、洗手、喝水。 2. 检查幼儿是否正确洗手，及时提醒幼儿要摘下毛巾擦手。 3. 检查幼儿的喝水量。	1. 注意提醒幼儿先洗手再喝水。与主班教师合理分工照顾幼儿活动。 2. 随时将地面水渍擦干净，避免幼儿滑倒。

（续）

时间	活动环节	幼儿活动	主班教师工作要求	助教工作要求
16:30～17:00	晚餐	1. 洗手后自取主食到餐桌旁就餐（教师按桌发放菜盘）。 2. 在教师的照顾下正确进餐。 （1）保持安静，坐姿端正。 （2）学习正确使用餐具，一手扶碗，一手拿勺。 （3）干稀搭配，主副食搭配吃，不挑食、不剩饭。 （4）保持衣物和桌面整洁。 （5）当需要添饭时能主动举手。 3. 用餐后插好自己的小椅子，将餐具分类放在指定地点。 4. 餐后用餐巾正确擦嘴、漱口。	1. 创造愉快安静的进餐环境，不处理与进餐无关的问题，保证幼儿愉快进餐。 2. 培养幼儿正确的进餐习惯和姿势，不挑食、不剩饭。 3. 认真观察幼儿的进食量，查看有无异常。特别关注体弱儿、肥胖儿和身体不适的幼儿。 4. 提示幼儿正确送餐具。 5. 检查幼儿擦嘴、漱口情况。	1. 提前做好餐前的卫生消毒工作。 2. 摆放好餐具，为幼儿分发饭菜，注意避免等待。 3. 协助主班教师指导幼儿正确使用餐具，培养良好的进餐习惯。 4. 鼓励幼儿进餐，为幼儿添饭菜，及时提醒进餐慢和精神不集中的幼儿，不催饭。 5. 收拾整理餐具，做好活动室卫生及收尾工作。
17:00～17:15	离园	1. 离园前自由活动或跟随教师进行半日活动的回顾。 2. 离园前拿好物品、穿好衣服、收拾好玩具，向教师、小朋友有礼貌地道别后再离园。	1. 组织幼儿自由选择游戏或开展离园前的回顾活动。 2. 帮助幼儿整理好衣服。有礼貌地和幼儿及家长道别。 3. 热情主动地与个别家长沟通。 4. 避免不熟悉的人接走孩子。 5. 耐心照顾好因家长有事而未按时接走的幼儿。 6. 离园前关好门窗水电，做好收尾工作。	1. 协助主班教师做好幼儿离园工作。 2. 打扫干净每个角落。 3. 洗净水杯并消毒。 4. 将用过的幼儿毛巾洗干净并送去消毒。

三、半日班幼儿作息时间表

（一）半日班幼儿作息时间表（无餐）

表5 半日班幼儿作息时间表（无餐）

上 午	
时 间	环 节
8:00—8:30	来园
8:30—9:10	游戏活动
9:10—9:40	学习活动
9:40—10:00	加餐及生活活动
10:00—11:00	户外活动
11:00—11:20	生活活动
11:20—11:40	离园
下 午	
时 间	环 节
14:00—14:30	来园及加餐
14:30—15:10	游戏活动
15:10—15:40	学习活动
15:40—16:40	户外活动
16:40—17:00	生活活动
17:00—17:15	离园

(二) 半日班幼儿作息时间表（有餐）

表6 半日班幼儿作息时间表（有餐）

上　　午	
时　　间	环　　节
7:30—8:00	来园
8:00—8:30	早餐
8:30—9:10	游戏活动
9:10—9:40	学习活动
9:40—10:00	生活活动及加餐
10:00—11:00	户外活动
11:00—11:20	生活活动
11:20—11:50	午餐
11:50—12:00	离园
下　　午	
时　　间	环　　节
14:00—14:20	来园及加餐
14:20—14:50	游戏活动
14:50—15:20	学习活动
15:20—16:20	户外活动
16:20—16:30	生活活动
16:30—17:00	晚餐
17:00—17:15	离园

第三章 CHAPTER 3

半日班家园共育活动方案 ▶▶▶

调研结果发现，半日班幼儿在生活自理能力、运动能力和交往能力方面弱于整日班幼儿。因此，半日班家园共育工作围绕这三方面能力培养，在家庭教育中延伸展开。此外，教师针对半日班的特殊性，在安排半日班班级活动时提出了一些具体的建议与方法。

一、生活自理能力家园共育活动方案

（一）生活自理能力培养主题家长会方案

▶▶▶ **前期准备**

1. 发放调查问卷。

示例：

半日小班家长会前期调查问卷

为了更好地了解家长的困惑和需求，开展有针对性的家长会活动，建立良好的家园合作关系，特拟定此调查问卷。希望您认真、如实填写，以便我们家园合力，共同促进孩子的健康发展。感谢您的支持和配合！

1. 您的孩子主要由谁教育看管？

○父母本人　　　○祖父母　　　○保姆或其他亲戚　　　○早教托管

2. 您比较担心孩子在幼儿园哪些方面的事情？（可多选）

○安全　　　○情绪　　　○交往　　　　　　○生活自理能力
○其他

3. 幼儿现在的自理能力（可多选）

○自己如厕　　　○自己穿脱衣服　　○自己吃饭　　　○自己穿脱鞋袜
○其他_____

4. 您对孩子的自理能力感觉如何？

○非常满意　　○一般　　　　○不满意

5. 当孩子在自理能力方面遇到困难时，您会

○立即帮助他　○鼓励孩子自己尝试解决　　　　○其他_____

6. 关于孩子自理能力的培养，您有哪些困惑和需求？

7. 您对老师的期望和建议有哪些？

8. 您希望参与什么形式的家长会？

2. 家长会通知。

示例：

家长会通知

尊敬的家长：

您好！×××幼儿园定于×年×月×日（星期×）下午15:30在×××幼儿园召开家长会，内容为"家园合力共同培养幼儿生活自理能力"。希望通过此次家长会，家园达成理念上的共识，一同学习、探讨培养幼儿自理能力的方法与策略。主持人：李老师。望您在百忙之中前来参加。（地址：×××××）

温馨提示：

1. 因幼儿园无停车位，请您绿色出行，步行进入幼儿园。

2. 为了在园幼儿的正常活动，建议您穿软底鞋参会，不在会场内外随意走动。

3. 每个家庭由一名家长参会，凭此家长会通知入场（复印无效）。

感谢您的支持和配合，我们期待您的莅临！

×××幼儿园

×年×月×日

▶▶▶ 半日小班家长会

示例：

会议主题：家园合力培养幼儿的生活自理能力

　　会议背景：半日小班幼儿初入幼儿园，产生分离焦虑的一个重要原因是幼儿对幼儿园生活独立做事的畏惧感。教师通过两周的观察，发现幼儿生活自理能力较差，自己的事情不能自己做，表现在不会独立如厕，不能自主喝水等，对适应幼儿园集体生活存在一定的困难。因此需要通过家园配合，尽快帮助幼儿提高自主独立做事的能力和意识，尽快适应幼儿园生活。

　　会议准备：体验游戏材料（纸棒、布条）、PPT。

　　会议目标：

　　1. 通过体验式游戏，传播正确的教育理念，呼吁家长放开爱的双手，鼓励幼儿自主、独立做事。

　　2. 感知幼儿的学习方式，分享有效培养幼儿生活自理能力的方法策略，家园共育培养幼儿良好的生活自理能力。

　　会议过程：

　　（一）通过体验游戏，帮助家长转变育儿观念

　　1. 体验游戏：木乃伊人生。

　　2. 请家长谈谈游戏感悟。在轻松、愉悦的游戏中参与活动，家长们在亲身感受中恍然大悟：原来，生活自理能力的培养竟会对孩子的未来发展带来这么重大的影响。平日认为孩子还小，长大了自然就会了的想法太可怕了。包办代替剥夺了孩子学习成长的机会。

　　3. 教师小结。我国著名教育家陈鹤琴先生提出"凡是儿童自己能做的，应当让她自己做，要解放孩子的双手"。在生活中，家长要学着做弱者、做小草，支持孩子做大树。凡是孩子自己能做的，家长就不要包办代替。家长应该坚持这样的原则：你能干的，我绝不替你干；你不会干的，我教你干；你让我干的，我要考虑该不该干。

　　幼儿做事，通常达不到家长希望的程度。为了不让孩子在做事的过程中丧失信心，家长可以将目标分解，降低任务难度，化整为零，通过完成一个个小目标来不断激励孩子。这样即使孩子遭受挫折，但因为看到点滴进步，仍会保持自己的事情自己做，不会的事情学着做的热情，不断应对困难并思考改进的方法，最终获得"循序渐进才能距离成功越来越近"的认识，推动其在今后的生活中克服困难，自强不息。

　　（二）幼儿生活自理能力的现状分析

1. 通过照片、录像帮助家长直观了解孩子当前自理能力的现状，进一步引发家长对培养幼儿生活自理能力的重视。与老师一起思考、分析影响孩子自理能力发展的因素。

2. 分析问题产生的原因，让家长意识到包办代替对幼儿产生的不良影响。例如，为什么您的孩子总会湿裤子？因为有的孩子现在还在用纸尿裤，以至于孩子不会憋尿；有的孩子不会自己脱裤子，因此还没等裤子脱下来就尿到裤子上了；还有的孩子不会自己用水杯喝水，喝水时就会洒在衣服和裤子上。

（三）家园共育提高幼儿生活自理能力的策略

1. 幼儿园的培养方法。

（1）利用儿歌、步骤图等激发幼儿自己做事的愿望和兴趣。例如，结合小班幼儿的年龄特点，采用具体直观的动物形象和朗朗上口的儿歌，帮助幼儿学会正确的洗手方法。

（2）利用各种游戏，帮助幼儿学习和掌握生活技能和方法。例如，在"娃娃家"游戏中模仿爸爸妈妈给宝宝喂饭、穿脱衣服。

（3）利用一日生活中的每个环节，给幼儿提供自己动手的机会。例如，吃加餐时，鼓励幼儿自己打开奶酪棒，自己剥橘子，自己收拾用过的材料等。

2. 家长可以这样做。

（1）做赏识的父母。不要吝啬您对孩子的夸奖，对幼儿的点滴进步给予极大的肯定，让幼儿品尝成功的快乐，获得成功的愉快感是推动幼儿生活自理能力和技能学习的动力。

（2）做"懒惰"的父母。"懒惰"的爸爸妈妈会带出能干的孩子，"软弱"的爸妈身后走出自信的孩子。

（3）做"爱玩"的父母。游戏是幼儿自愿参加且轻松愉快的活动，是锻炼生活自理能力不可缺少的重要组成部分，父母可以充分利用游戏来加强幼儿的生活自理能力。

（四）家长会后的反思和总结

生活自理能力的养成有助于培养幼儿的责任感、自信心以及独立处理问题的能力。每个幼儿在成长的过程中，都有学习做事的愿望和积极性，也具有做事的身体条件。如果每个成年人（老师、父母和长辈）都能有意识地培养幼儿的生活自理能力，解放孩子的双手，用鼓励、信任和正确的方法给孩子一个锻炼的机会，创设一个锻炼的环境，挖掘一个锻炼的空间，那么经过家园共同培养，一定会起到事半功倍的效果，幼儿的自理能力一定会有很大的提高。

（北京市北海幼儿园　李桂芝）

（二）半日小班幼儿生活自理能力培养家长沙龙方案

▶▶▶ 前期准备

1. 发放调查问卷。

示例：

半日小班幼儿生活自理能力问卷调查表

尊敬的家长：

您好！为了更有针对性地培养幼儿的生活自理能力，我们需要详细了解每个孩子的发展现状，请您在百忙中填写一下《半日小班幼儿生活自理能力问卷调查表》，请您在最符合实际情况的选项上画√，每题只选一个答案。本调查仅限教育研究，请您实事求是作答，感谢您的支持与帮助！

第一部分：家庭基本情况

幼儿姓名：_____　　年龄：_____

是否独生子女：○是　　　　　　○否

孩子的主要看护者是：○父母　　○祖父母　　○保姆　　○其他

父亲受教育程度：○初中及以下　○高中或中专　○大专　○本科及以上

母亲受教育程度：○初中及以下　○高中或中专　○大专　○本科及以上

第二部分：幼儿自理能力现状（请在符合的选项上画√）

题号	内容	不能	偶尔能够	完全能够
1	幼儿能独立、安静的午睡吗？			
2	幼儿有饭前、便后洗手的习惯吗？			
3	幼儿能够自己按正确的方法洗手吗？			
4	幼儿能够独立进餐吗？			
5	幼儿会正确使用勺子吃饭吗？			
6	幼儿挑食吗？			
7	幼儿进餐后有擦嘴、漱口的习惯吗？			
8	幼儿能够使用蹲便器吗？			
9	幼儿能自理大小便吗？			
10	幼儿会独立穿脱衣服吗？			
11	幼儿会自己整理衣服吗？（如把内衣掖到裤子里）			
12	幼儿会自己叠放收拾衣服吗？			
13	幼儿会自己穿袜子吗？			
14	幼儿会独立正确地穿鞋子吗？			
15	幼儿会自己收拾整理玩过的玩具吗？			

第三部分：家长教养观念问答

1. 您认为培养孩子的生活自理能力，对孩子成长的重要性是什么？

2. 孩子在家会做一些力所能及的事吗？请举例。如果孩子做不好，您会怎么做？

3. 孩子在独立做事情时，常出现哪些问题？您是怎么看待或处理的？

4. 在家庭中培养幼儿的生活自理能力，您有哪些好方法或者小妙招？

2. 发放家长沙龙活动通知。

示例：

半日小班家长沙龙活动通知

尊敬的家长：

您好！根据前期《半日小班幼儿生活自理能力问卷调查》和近一段时间教师对班级幼儿生活自理能力的观察，我们发现本班幼儿的生活自理能力存在很大差异，大部分幼儿愿意独立做事，但遇到困难容易退缩，甚至产生焦虑情绪；小部分幼儿对成人的依赖性较强，不愿意动手尝试。整体来看，幼儿的生活自理能力还需要尽快提高，以便更好地适应幼儿园集体生活，且家长对于幼儿生活自理能力的培养还存在很多困惑。基于此，我们计划组织一场小型家长沙龙活动（15人左右），家长可根据自己的需求和时间自愿报名，期待您的参与！

活动主题：我能行，我很棒

活动时间：×年×月×日

活动地点：多功能厅

温馨提示：建议日常看护人参与，更容易达成教育共识。

▶▶▶ 半日小班家长沙龙活动方案

示例：

沙龙主题：我能行，我很棒

活动背景：根据前期《小班幼儿生活自理能力调查问卷》和近一段时间教师对班级幼儿生活自理能力的观察，我们发现本班幼儿的生活自理能力存在很大差异，大部分幼儿愿意独立做事，但遇到困难容易退缩，甚至产生焦虑情绪；小部分幼儿对成人的依赖性较强，不愿意动手尝试。整体来看，幼儿的生活自理能力还需要尽快提高，以便更好地适应幼儿园集体生活，且家长对于幼儿生活自理能力的培养还存在很多困惑。

活动准备：创设温馨的谈话环境（围成一个大圆桌，给每位家长准备茶水）、幼儿在园生活的视频、PPT、笔、便签纸。

活动目的：

1. 转变家长的教养观念，帮助家长认识到培养幼儿良好习惯和生活自理能力的重要性。

2. 分享在幼儿园及家庭中培养幼儿生活习惯与自理能力的好方法。

活动过程：

（一）开场白，说明此次沙龙活动的主题及目的

各位家长好！由于孩子们刚刚进入幼儿园，从家庭来到幼儿园的集体生活，很多能力与习惯需要逐渐培养，所以今天我们相聚在一起，组织一场小型的家长沙龙活动，一起来聊一聊如何培养幼儿的生活自理能力与习惯，同时也希望帮助家长们认识到小班幼儿应具备的能力，形成正确的教育观。

（二）观看幼儿在园生活的视频，了解幼儿生活自理能力的现状

1. 家长与教师一起观看幼儿在园生活的视频（幼儿洗手、进餐、穿外套、收拾整理玩具），重点引导家长观察幼儿的行为表现以及习惯，及时记录自己的感想和发现。

2. 完整（也可以分段播放）播放视频后，教师和家长一起分享感受和发现。引导家长了解本班幼儿生活自理能力的现状。

3. 教师小结：分析本班幼儿生活自理能力和习惯的发展现状。

（三）讨论影响幼儿生活自理能力养成的因素

1. 请家长说一说影响幼儿生活自理能力发展的因素有哪些。

2. 教师小结。

（1）培养幼儿生活自理能力的重要性：帮助孩子尽快适应幼儿园的集体生活；培养小班幼儿的自理能力，促进幼儿的大小肌肉群和动作协调性的发展；有助于培养幼儿独立做事的能力，建立幼儿的自信心。

（2）影响因素：幼儿自身小肌肉动作发育不完善；家长的包办代替剥夺了幼儿自主学习的机会；家长有培养的意识，但缺乏正确的指导方法……

（四）分享家园培养幼儿生活自理能力的好方法

幼儿是在生活和游戏中来学习的，所以我们会在一日生活和游戏中渗透教育。

1. 教师介绍幼儿园培养幼儿生活自理能力的方法。

（1）用儿歌、做游戏的形式来学习穿脱衣服等，增加游戏的趣味性。

（2）组织"大带小"的活动，即大班哥哥姐姐教小班弟弟妹妹学习穿外套、扣扣子等本领，通过"大带小"的活动，让小班的弟弟妹妹感受到来自大哥哥大姐姐的关爱，感受到学习的快乐，逐渐愿意多学本领，自己的事情自己做。

（3）建立良好的一日生活常规，按照一日生活时间表做事情。

（4）在区域游戏中通过投放材料，帮助幼儿练习小肌肉动作。如用勺子舀豆子，给布娃娃穿衣服、鞋子等。

（5）教师加强个别指导，适时帮助。

2. 家长分享自己在家培养幼儿生活自理能力的好方法。

鼓励家长将自己在家中培养幼儿生活自理能力和习惯的小妙招分享给大

家。（可提前邀请几位家长做好分享的准备）

3. 教师梳理家长培养的好方法，如榜样示范、打卡激励、物质奖励。

（五）活动结束

非常感谢家长们能够积极地参与本次家长沙龙活动，沙龙活动提供了一个家园共同学习的机会。我们讨论的中心是如何正确地培养幼儿的生活自理能力和习惯，希望在家园共同配合下，每一位小朋友的自理能力都能够有所提高，希望今天的家长沙龙活动能够让每一位家长有所收获，谢谢大家的参与！

▶▶▶ 沙龙活动温馨提示

1. 家长沙龙活动通知要提前一周贴出，便于家长报名。

2. 活动的过程中注意多给家长提供表达的机会，用心倾听家长的想法和意见。

3. 每个环节结束后的小结要抓住重点，精炼简洁。

▶▶▶ 家长沙龙口袋书： 将家长沙龙形成的经验以口袋书的形式梳理出来

示例：

家长沙龙活动口袋书

（一）前言

《幼儿园教育指导纲要（试行）》中指出"要高度重视和满足幼儿受保护、受照顾的需要，又要尊重和满足他们不断增长的独立要求，避免过度保护和包办代替，鼓励并指导幼儿自理、自立的尝试。"同时还指出"与家长配合，根据幼儿的需要建立科学的生活常规。培养幼儿良好的饮食、睡眠、盥洗、排泄等生活习惯和生活自理能力。"因此通过家园共育的方式促进幼儿自理能力的提高有着重要的价值和作用。

（二）幼儿生活自理能力的重要性

幼儿生活自理能力对幼儿的全面发展和终身发展具有重要意义。

1. 帮助幼儿尽快适应幼儿园的集体生活。

2. 培养小班幼儿的自理能力，促进幼儿的大小肌肉群和动作的协调发展。

3. 有助于培养幼儿独立做事的能力，建立幼儿的自信心。

（三）影响幼儿生活自理能力养成的因素

1. 幼儿自身小肌肉动作发育不完善。

2. 家长的包办代替剥夺了幼儿自主学习的机会。

3. 家长有培养的意识，但缺乏正确的指导方法。

4. 家园教育观念不统一，不能认识到家园共育对提高幼儿生活自理能力有着独特的作用。

（四）培养幼儿生活自理能力的方法

1. 在游戏和生活中培养幼儿的生活自理能力。

2. 用科学的教育方法提高幼儿的生活自理能力，如榜样示范法、表扬鼓励法和多样化教学法。

3. 家园共育，共同培养幼儿的生活自理能力。

（五）家园共育自理能力小儿歌

1. 披衣服。

卷呀卷呀卷白菜叶，（将上衣向上卷起至脖子下）

剥呀剥呀剥白菜帮，（将外裤卷至屁股下）

装呀装呀装饺子馅，（将秋衣塞到秋裤里）

捏呀捏呀捏饺子皮，（将外裤提好）

盖呀盖呀盖锅盖。（将上衣放下来）

2. 穿袜子。

缩起小脖子，（拿住袜筒两侧）

钻进小洞子，（穿进袜尖）

拉起长鼻子，（拉袜筒）

穿好小袜子。

3. 脱袜子。

缩起小脖子，（脱袜筒至脚心）

拉长小鼻子，（拉出袜头）

卷起小身子，（卷起袜子）

住进小房子。（放进鞋子）

4. 卷袜子。

两只袜子并并拢，脚尖脚尖卷啊卷，

袜筒轻轻钻过去，袜子变成小球球。

5. 穿裤子。

两个裤腿像山洞，两只脚丫钻山洞，

先钻一个山洞，再钻一个山洞，

呜呜呜，呜呜呜，两列火车进山洞。

6. 脱裤子。

双手抓紧小裤腰，一下脱到膝盖下，

再用小手拉裤脚，最后还要摆摆好。

7. 穿套头衣服。

一件衣服四个洞，宝宝钻进大洞洞，

脑袋钻出中洞洞，小手伸出小洞洞。

8. 脱套头衣服。

抓紧袖口向下伸，藏起自己的小胳膊，

抓紧领口往外钻，藏起自己的小脑袋。

9. 叠裤子。

小裤子，摆摆好，两扇门关起来，

裤腰裤脚碰一碰，我的裤子叠好了。

10. 扣纽扣。

小扣子，圆溜溜，好像眼睛找朋友，小洞洞忙招手，欢迎扣子钻洞洞。

11. 穿开身外套。

抓领子，盖房子，小老鼠钻洞子，

左钻钻，右钻钻，吱扭吱扭上房子。

12. 六步洗手法。

小狗汪汪叫，肥皂手心搓泡泡。

猴子很着急，手背也要搓泡泡。

孔雀开屏了，双手交叉搓指缝。

鸽子飞得高，大拇哥转转洗得到。

小鸡手心啄小米，好像指甲挠痒痒。

大象鼻子卷树枝，最后要帮手腕忙。

13. 使用小勺。

小手变成小手枪，握住小勺吃饭香。

14. 叠外套。

小衣服，放放好，我来把你叠叠好。

两只小手抱一抱，点点头，弯弯腰。我的衣服叠叠好。

15. 拉拉链。

两条小马路，正在闹别扭，你不理我，我不理你，

呜——开来一列小火车，双方握手变朋友。

16. 刷牙。

小牙刷，手中拿，张开我的小嘴巴。

牙齿外面圆弧刷，左刷刷、右刷刷，里里外外都刷刷。

早晨刷、晚上刷，刷得干净没蛀牙。

（北京市西城区棉花胡同幼儿园　曹明静）

（三）半日小班幼儿进餐习惯培养家长沙龙方案

▶▶▶ 前期准备

1. 发放调查问卷。

示例：

半日小班幼儿进餐习惯调查问卷

尊敬的各位家长：

您好！3～6岁是孩子生长发育的关键期，合理的膳食、均衡的营养是保证幼儿健康成长的重要基础。为了培养幼儿良好的进餐能力和习惯，家园更有针对性地指导幼儿进餐，本次调查重点想了解孩子在家的进餐情况，请您仔细阅读，客观填写，谢谢您的支持与配合！

　1. 幼儿进餐的状态

　○安静专心　　　○边玩边吃　　　○不专心

2. 幼儿进餐独立性的情况

○独立进餐　　　○有时需要家长喂饭　　　○全程需要家长喂饭

3. 幼儿使用餐具情况

○能正确使用小勺　　　○握勺方法不正确　　　○不会使用小勺

4. 幼儿挑食情况

○不挑食　　　○有些挑食　　　○非常挑食

5. 幼儿日常吃零食的情况

○每天吃很多零食　　　○偶尔吃一点　　　○不吃零食

6. 孩子比较喜欢吃的食物＿＿＿＿＿＿＿＿＿＿

7. 孩子不喜欢吃的食物＿＿＿＿＿＿＿＿＿＿

8. 对于孩子不喜欢吃的蔬菜，您会怎样做？

2. 发放活动通知。

示例：

家长沙龙活动通知

各位家长：

　　大家好！结合前期对幼儿在家进餐能力和习惯的调查，以及在幼儿园观察到的每个孩子的进餐情况，我们计划在近期开展一次家长沙龙活动，想和大家一起聊一聊如何培养孩子的进餐能力和习惯，期待大家的参与！

　　家长沙龙主题： 幼儿进餐能力与习惯培养

　　家长沙龙时间： ×年×月×日

　　地点： ×××会议室

▶▶▶ 家长沙龙活动方案

示例：

　　沙龙主题： 幼儿进餐能力与习惯的培养

　　沙龙背景： 3～6岁是孩子生长发育的关键期，合理的膳食、均衡的营养是保证幼儿健康成长的重要物质基础，而良好的进餐习惯能促进幼儿身心的健康成长。通过前期幼儿进餐能力和习惯的问卷调查，我们了解到家长们普遍困惑的问题是幼儿进餐的独立性和专注力的培养以及如何减少孩子的挑食现象。因此本次沙龙将围绕培养孩子良好的进餐习惯开展话题讨论与经验分享，达成教育共识，家园双方形成合力，共同促进幼儿身心健康发展。

活动准备：PPT、照片、反馈表、签到表。

活动目的：

1. 提高家长对幼儿独立进餐能力与良好进餐习惯培养的重要性的认识。

2. 通过相互交流与分享，帮助家长了解一些培养进餐习惯的好方法，提高科学育儿的水平。

活动过程：

一、话题引入

由于半日小班孩子们半天在幼儿园，半天在家里，因此培养孩子的自理能力需要家园双方共同配合，本学期重点培养幼儿的生活自理能力，如独立进餐，自己穿脱衣服等。

二、观看视频，交流讨论

1. 请家长观看幼儿在园进餐时的视频，请家长说说孩子有哪些进步，还存在哪些不足或者困难。

2. 教师小结。

（1）孩子的进步：孩子们入园一个月以来，能够安静地坐在椅子上进餐，大部分孩子可以独立进餐，愿意品尝更多的蔬菜，尝试一些没有吃过的饭菜。

（2）问题与困难：

①个别幼儿还不能独立进餐，需要教师辅助喂饭。

②2/3的幼儿不会正确使用餐具，存在大把攥勺子的现象。

③小部分幼儿挑食现象严重，不爱吃绿叶蔬菜、胡萝卜、茄子等。

④幼儿边玩边吃，进餐时间长。

三、交流好方法

1. 请家长说一说日常在家培养孩子独立进餐遇到的困难。

2. 请家长说说自己的好方法、小妙招。

四、梳理培养良好进餐习惯的策略

1. 营造宽松愉悦的进餐氛围，如播放轻音乐，介绍食物营养等。

2. 家长的榜样示范作用。如家长可以边吃边赞叹饭菜好吃。

3. 少盛多添，了解孩子的进餐量，减少心理压力。

4. 通过故事、儿歌激发幼儿食欲，不断用语言鼓励孩子。

5. 对于不爱吃的食物每次尝试一点点。

6. 控制进餐时间，半小时左右。

7. 采取一定的激励措施。如打卡、奖励小星星贴画等。

随着心理、生理的发展，小班幼儿很想在生活中做一些事情，体现自我价值，渴望得到他人的肯定。小班是孩子生长发育的关键期，培养他们的生活自理能力至关重要，通过学习、操作实践、日常练习，有利于提高他们精细动作的发展。而小班又是能力培养的最佳时期，良好的生活能力将使其终身受益，希望今天关于进餐能力与习惯培养的沙龙能使家长有所收获，回家后尝试培养，与幼儿园形成合力，共同促进宝贝健康成长。

▶▶▶ 沙龙活动温馨提示

1. 每次沙龙活动探讨的话题不用多，就围绕着一个话题进行深入探讨，把家长反映的和孩子身上体现的问题研究透，从各个角度去做准备工作，教师之间可以互相提出建议，这样能够把问题想得更加完善、具体。

2. 和家长们逐渐熟悉后，再次召开家长沙龙时可以融入一些互动小游戏。如果召开关于"孩子在游戏中发展"的沙龙，可以提供一些玩具材料，让家长们亲身体验，家长们会更有感触。

▶▶▶ 培养进餐习惯的折纸口袋书

1. 教给孩子一些基本的生活技能，如正确使用勺子。正确使用勺子的方法主要是大拇指、食指和中指在使用，大拇指在上面按着，食指和中指夹着，无名指和小指起到稳定支撑的作用。

儿歌《小勺子》：小勺子，真灵便，握在拇指食指间，一手拿勺，一手扶碗，不撒不掉，送到嘴边。

2. 用游戏、故事、儿歌激发幼儿独立进餐的兴趣。我们可以利用讲故事、说儿歌、做游戏等形式，鼓励孩子独立进餐。孩子们学起来不枯燥，家长也减少了说教。如故事《好饿的毛毛虫》《漏嘴巴的大公鸡》《爱吃水果的牛》等。

以《水果蔬菜问答歌》为例，家长说前半句，幼儿回答后半句。

什么水果黄黄的，香蕉香蕉黄黄的。

什么水果白白的，萝卜萝卜白白的。

什么蔬菜红红的，番茄番茄红红的。

什么蔬菜紫紫的，茄子茄子紫紫的。

3. 为幼儿提供充足的时间和机会去尝试。小班幼儿对周围的事物有强烈的好奇心和求知欲，当他们想去尝试时，我们应该积极地支持和鼓励他们。如每餐要有仪式感，全家人坐在一起共同进餐，避免单独给孩子准备餐桌。为孩子准备自己的餐具，鼓励幼儿独立进餐，成人避免包办代替。餐后鼓励孩子自己把餐具放到厨房，收拾桌面卫生。孩子特别好模仿，有时成人在做的事情，孩子也想尝试，只要在保证孩子安全的基础上，我们可以让孩子试一下，别担心孩子干不好、添麻烦或帮倒忙。

4. 培养、教育贵在坚持，重在鼓励。自理能力不是与生俱来的，也不是一朝一夕就能获得的，我们千万不能操之过急，培养孩子时应耐心细致，还要持之以恒。孩子由于缺乏生活经验和技能，在实践中难免出现这样那样的问题。如进餐时，饭菜掉到桌面上，汤洒到衣服上，米粒沾到衣服上等，这时我们应以积极的心态去看待，引导孩子们去解决和面对这些小问题，以保护孩子做事的积极性。我们还要善于捕捉孩子的闪光点，看到孩子的点滴进步，鼓励他们做力所能及的事情，及时肯定和表扬，使孩子们享受成功的快乐。

（北京市西城区棉花胡同幼儿园　曹明静）

（四）家长助教活动

▶▶▶ **家长助教活动：好吃的水果和蔬菜**

活动背景： 小班幼儿刚刚开始幼儿园的生活，在进餐方面会遇到很多困难，如不能独立进餐、挑食、偏食、不喜欢吃水果和蔬菜、进餐习惯不当等。小班幼儿正处于生长发育的重要时期，挑食、偏食会直接影响到他们的身体健康。××小朋友的妈妈是一名营养师，平时喜欢烘焙、做饭、讲故事。我们将××妈妈请到班中担任家长助教，希望××妈妈通过有趣的活动引导小朋友了解食物的营养，养成喜欢吃水果和蔬菜，不挑食、不偏食的好习惯。

活动准备：

1. 物质准备：

(1)《爱吃水果的牛》故事PPT、各种蔬菜和水果的图片。

(2) 分类游戏材料：各种水果和蔬菜的卡片若干，分类盒每桌一份。

2. 经验准备：幼儿对各种蔬菜和水果有一些认识和了解。

活动目标：

1. 愿意吃水果、蔬菜，养成不挑食的习惯。

2. 认识蔬菜和水果，喜欢玩分类游戏。

活动过程：

1. 家长与小朋友相互熟悉，调动活动气氛。

2. 讲故事《爱吃水果的牛》。

提问：村民们为什么生病了呢？是谁救了村民们？它是怎么救的呢？

小结：多吃水果和蔬菜对我们的身体有好处。

3. 分类游戏：送水果娃娃和蔬菜宝宝回家。

提问：请小朋友们想一想哪些是水果，哪些是蔬菜，把它们分别送回家（分类放入盒子里）。

4. 家长助教和教师进行个别指导。

▶▶▶ **家长助教活动温馨提示**

1. 设计家长助教反馈表。

(1) 您觉得本次活动给幼儿的收获有哪些?

(2) 您觉得本次活动中的困难与问题有哪些?

(3) 您对本次活动有什么感受?

2. 与家长共同备课过程中应注意的问题。

(1) 关注并了解家长的经验与观念，与家长形成教育共识。

(2) 内容选择应结合幼儿的需要、班级活动及家长特色资源。

（3）与家长共同讨论内容与形式，确保活动的可行性与时效性。

（4）帮助家长清晰并了解幼儿的年龄特点及需要关注的问题。

（5）给予适宜的跟进，帮助家长将预设的问题具体化。

二、运动能力家园共育活动方案

（一）半日班幼儿运动能力主题家长会方案

▶▶▶ 前期准备

1. 发放调查问卷。

示例：

半日班幼儿体育锻炼调查问卷

尊敬的家长朋友：

您好！为了进一步了解半日班幼儿户外体育锻炼的现状，从而科学地指导幼儿开展体育活动，促进幼儿身心健康的发展，请您在百忙中填写一下问卷，感谢您的配合！

1. 您的孩子日常由谁来看护？

○爸爸　　○妈妈　　○祖父母　　○其他_____

2. 您的孩子体质情况

○不易生病　　○偶尔生病　　○经常生病

3. 您的孩子对体育锻炼感兴趣吗？

○感兴趣　　○不感兴趣

4. 您多久带孩子进行一次户外体育锻炼？

○每天一次　　○两天一次　　○三四天一次　　○一周一次

5. 您的孩子能保证每天 2 个小时左右的户外体育锻炼吗？

○能　　○不能　　○不知道

6. 孩子每天不能达到 2 个小时的户外体育活动的原因是什么？

○没时间　　○怕孩子累　　○担心带孩子出去玩受伤

○家长身体原因

7. 您希望您的孩子在户外体育锻炼中发展什么？

○运动能力 ○增强体质 ○养成良好的身体姿态

○长高个子 ○其他_____

2. 发放家长会通知。

示例：

亲爱的家长朋友们：

您好！为了提高幼儿的体能健康，促进幼儿身心健康和谐地发展，现诚意邀请您参加"促进半日小班幼儿体能健康"的家长会，带您了解户外体育锻炼的奥秘，为您提供科学有趣的体育锻炼方法，激发幼儿的运动兴趣，帮助幼儿养成运动习惯，拥有健康的体魄。

时间：×年×月×日

星期四上午10:00

地点：三层会议室

提示：尽量由父母参加本次家长会，路上请您注意安全。

▶▶▶ 加强半日小班幼儿体育锻炼主题家长会活动方案

示例：

家长会主题：加强半日小班幼儿体育锻炼，促进幼儿健康成长

家长会背景：3～4岁的幼儿身体机能发育尚不完善，腿部缺乏力量，动作的准确性、协调性、平衡性较弱。3～6岁是训练幼儿灵敏性、协调性、平衡性和柔韧性的关键时期，开展科学、有趣的体育锻炼可以促进幼儿的体能发展，也对幼儿身心健康的发展有着非常重要的意义。半日小班幼儿每日在园时间短，不能保证每天2小时在园的体育锻炼时间，因此家园共育开展幼儿体育锻炼活动就显得更加重要了。我们希望通过家长会，帮助家长认识到户外体育锻炼的重要性，为家长提供科学、有趣的体育锻炼方法，帮助孩子喜欢运动，养成运动的习惯，促进幼儿身心健康发展。

家长会准备：PPT演示文稿、家庭体能锻炼记录表、体质测试器材（卷尺、网球、10个软方包）、家长就坐的椅子摆放整齐。

家长会目的：了解幼儿体能达标的标准，帮助家长掌握指导幼儿户外体育锻炼的方法，家园共育促进幼儿体能发展。

家长会过程：

一、观看半日小班日常运动的视频，了解幼儿运动的现状

1. 幼儿活泼好动，对体育运动的兴趣高，喜欢趣味性的体育游戏，喜欢扮演各种角色，喜欢参加各种带有竞技性的体育活动，喜欢表现自己。

2. 小班幼儿精细动作发展较弱，运动能力发展不协调，肌肉力量较差，容易疲劳，在运动中容易摔倒。

3. 半日小班幼儿每日在园运动时间不足 2 小时。

通过观看小班幼儿的运动视频，教师为家长进行幼儿体能发展现状分析，引导家长了解幼儿爱运动的特性，体能发展的不协调及运动时间不足的现状，易造成的后果，从而使家长重视幼儿体育锻炼。

二、介绍小班幼儿体能测试的项目和标准

幼儿园通过开展体能测试，评估幼儿体能发展水平，提供个性化的运动方案，针对较弱的体能进行强化锻炼，结合体能测试项目，开展体育锻炼，使幼儿的体能得到均衡发展。

（一）体能测试的意义

1. 坐位体前屈：躯干和下肢柔韧性。

2. 立定跳远：主要反映儿童下肢的爆发力。

3. 网球掷远：反映儿童上肢腰腹肌肉力量。

4. 双脚连续跳：反映儿童动作协调性和下肢肌肉力量。

5.10 米折返跑：反映儿童身体的灵敏素质。

6. 走平衡木：反映平衡能力。

（二）体能测试标准（附表 1）

三、在幼儿园通过游戏，帮助幼儿练习体能达标的项目

1. 以照片及视频的形式使家长了解，在幼儿园，教师结合体能测试锻炼内容，设计有趣的体育游戏，满足幼儿每天两小时的户外体能锻炼，使体能达到均衡发展。

2. 结合体能测试，评估运动前后的效果。

四、请家长分享幼儿在家进行体育锻炼的情况

1. 鼓励家长分享幼儿家庭体能锻炼的内容、时间、地点。

2. 结合分享，进行幼儿家庭锻炼现状分析。

3. 结合体育锻炼的意义，强化家长增加体育锻炼，促进幼儿健康成长的意识。

五、家庭体育锻炼指导建议

（一）针对家长重点关注的身高增长问题给予干预指导措施

1. 歇性的跳跃运动：应力刺激骨骼，促进骨骼生长。如跳台阶、小兔子蹲跳起、跳房子等游戏。

2. 有氧走跑项目：提高心肺功能和有氧运动能力。如亲子追赶跑、大步走。

3. 伸张性练习项目：改善肌肉弹性和韧带柔韧度，肌肉和韧带对骨骼的张力负荷有助于骨骼生长。如拉锯扯锯，碰碰我的小脚尖。

（二）结合体能测试项目，设计《每周家庭体能锻炼记录表》（附表2）发给家长

（三）指导家长体能测试方法，合理使用家庭体能锻炼表格

结合体能测试的 PPT，老师为家长讲解体能测试的方法和注意事项，针对运动能力发展，结合体能锻炼表格推荐指导游戏，指导家长掌握带幼儿进行体育锻炼的策略和方法。

附表1：

附表1　小班幼儿体质测试标准

年龄 项目	分值	3岁幼儿		3.5岁幼儿		4岁幼儿	
		男	女	男	女	男	女
10米折返跑 （秒）	3分	9.1～10.2	9.4～10.5	8.4～9.4	8.7～9.7	7.7～8.5	8.1～9.0
	4分	8.0～9.0	8.2～9.3	7.5～8.3	7.7～8.6	6.9～7.6	7.2～8.0
	5分	<8.0	<8.2	<7.5	<7.7	<6.9	<7.2
立定跳远 （厘米）	3分	58～43	51～40	53～69	50～64	65～79	60～73
	4分	76～59	71～55	70～84	65～81	80～95	74～89
	5分	>76	>71	>84	>81	>82	>89
网球掷远 （米）	3分	3.5～3.0	3.0～2.5	3.0～4.0	3.5～3.0	4.0～4.5	3.5～4.0
	4分	5.5～4.0	5.0～3.5	5.5～4.5	4.0～5.0	5.0～6.0	4.5～5.0
	5分	>5.5	>5.0	>5.5	>5.0	>6.0	>5.0

（续）

年龄 项目	分值	3 岁幼儿		3.5 岁幼儿		4 岁幼儿	
		男	女	男	女	男	女
双脚连续跳 （秒）	3分	9.2～13.0	9.8～13.4	8.3～11.1	8.5～11.2	7.1～9.1	7.4～9.5
	4分	6.6～9.1	7.1～9.7	6.1～8.2	6.2～8.4	5.6～7.0	5.9～7.3
	5分	<6.6	<7.1	<6.1	<6.2	<5.6	<5.9
坐位体前屈 （厘米）	3分	11.6～8.6	12.9～10.0	8.5～11.5	10.0～12.9	8.5～11.4	10.0～12.9
	4分	14.9～11.7	15.9～13.0	11.6～14.9	13.0～15.9	11.5～14.9	13.0～15.9
	5分	>14.9	>15.9	>14.9	>15.9	>14.9	>15.9
走平衡木 （秒）	3分	10.6～16.8	10.8～17.3	9.4～15.0	9.7～15.0	7.4～11.5	8.2～12.2
	4分	6.6～10.5	6.9～10.7	5.9～9.3	6.1～9.6	4.9～7.3	5.3～8.1
	5分	<6.6	<6.9	<5.9	<6.1	<4.9	<5.3

备注：3分——及格　4分——良好　5分——优秀

附表2：

附表2　小班幼儿体能锻炼家庭指导记录（一）

班级：　　　　幼儿姓名：　　　　　家长姓名：

时间：＿＿＿年＿＿＿月＿＿＿日——＿＿＿年＿＿＿月＿＿＿日

体能项目 日期	双脚连续跳 （秒）	立定跳远 （厘米）	坐位体前屈 （厘米）	网球掷远 （米）	幼儿自我评价	家长评价
星期一						
星期二						
星期三						
星期四						
星期五						
星期六						
星期日						
建议游戏	1. 双脚连续跳：小兔跳。 2. 立定跳远：青蛙跳。 3. 坐位体前屈：拉锯扯锯，双手触摸脚尖。 4. 网球掷远：抛娃娃，扔纸球和纸飞机（往高往远扔）。					
活动照片	备注：可将活动照片发给本班教师，无需打印。					

小班幼儿体能锻炼家庭指导记录（二）

班级：_____ 幼儿姓名：_____ 家长姓名：_____

时间：____年____月____日——____年____月____日

体能项目 日期	拍球 （连续≥10个）	走平衡3.4米 （秒）	10米往返跑 （秒）	网球掷远 （米）	幼儿自我评价	家长评价
星期一						
星期二						
星期三						
星期四						
星期五						
星期六						
星期日						
建议游戏	1. 拍球。 2. 走平衡：走直线，走马路牙。 3. 10米往返跑：老狼老狼几点了，红灯绿灯小白灯。 4. 网球掷远：抛娃娃，扔纸球和纸飞机（往高往远扔）。					
活动照片	备注：可将活动照片发给本班教师，无需打印。					

（北京市西城区棉花胡同幼儿园　周　娟）

（二）半日班亲子运动会活动方案

▶▶▶ **前期准备：发布通知**

示例：

家长朋友们：

大家好！为了让家长更好地了解体能运动对幼儿身体发育的意义和作用，了解幼儿园体质测试的相关内容，学习通过有趣的运动游戏锻炼幼儿体能，我们将在×年×月×日下午3:00在幼儿园操场举办亲子体能运动会，邀请您参加！

▶▶▶ 亲子运动会活动方案

示例：

活动名称： 秋季亲子运动会

活动背景： 半日班的幼儿在幼儿园里的半天能够保证较为充足的体育运动时间和有目的地开展体育锻炼，随着天气逐渐变冷，家长们往往接孩子回家后就直接回到家里，不再外出，半日班幼儿的体能锻炼明显不足。还有的家长知道应该带孩子外出锻炼，但是并不知道应该如何开展锻炼，选择什么样的方法游戏，针对家长的困惑和幼儿发展的长期目标，我们设计了此次活动。

活动准备：

1. 物质准备：爬行垫、可以粘贴的水果、青蛙胸卡、荷叶地垫、悬挂金钱铃、垒球若干，小熊胸卡、平衡木、彩带两根等。

2. 经验准备：幼儿在园内玩过这样的游戏、提前将各种游戏的玩法和规则发给家长，让家长提前了解。

活动目标：

1. 通过亲子运动会，增强幼儿参加体育运动的兴趣和愿望。

2. 引导家长学习一些亲子体能锻炼的游戏，提高幼儿身体素质和运动能力。

3. 赢得家长的信任和认可，家园共育，形成教育合力。

活动过程：

（一）开场致辞：主持人介绍本次活动的目的和注意事项

首先感谢各位家长在百忙之中参加我们的亲子运动会，与孩子们共同分享童年的快乐，欢迎你们！运动使我们健康，游戏让我们快乐！今天，我们幼儿园半日小班的全体小朋友迎来了"秋季亲子运动会"，我想现在所有的小朋友的心情都和我一样激动，因为能和爸爸妈妈一起做游戏，多高兴啊！现在，我宣布"秋季亲子运动会"正式开始！

（二）讲解运动会规则

1. 请全体家长、小朋友遵守大会秩序，按照指定的位置就座。除老师外，其他人员一律不要进入表演场地。我们有摄像全程拍摄，如果您需要自已拍照录像，请您在座位原地，不要起立、走动。不要影响孩子们的表演以及其他幼儿和家长的观看。

2. 当您和孩子参加运动项目时，请听从我们老师的安排，有序上场。

3. 会场人多，请您照顾好自己孩子的安全，在座位上观看活动。

（三）观摩幼儿表演

（1）整理运动：亲子模仿操，家长亲身体验幼儿模仿操。

（2）各班级发放亲子体育的游戏票和游戏分布图。

（3）告知家长游戏规则和玩法后，带领幼儿共同游戏。

（4）每组亲子游戏都要提示家长在游戏中学会与幼儿相互配合，向家长简单介绍此类体育游戏锻炼体能的方法和锻炼目标。

①参与游戏后，在游戏票上盖上标记。

②根据游戏票上的标记兑换游戏奖品。

▶▶▶ **亲子运动会温馨提示**

（一）亲子活动反馈表

亲子体能运动会反馈表
1. 您对此次活动印象最深的是哪个环节？（亲子体操、亲子游戏）原因是什么？
2. 您和孩子一起做操、做游戏时的感受是怎样的？（开心、一般、没意思）
3. 您的孩子最喜欢今天的哪个游戏？您认为这个游戏可以促进孩子哪些方面的发展？（社会交往、亲子关系、体能锻炼……）您和孩子在家游戏时，愿意玩这个游戏吗？（愿意、无所谓、不愿意）

（二）组织亲子活动过程中应注意的问题

（1）在开展亲子运动会前一定要设计亲子热身活动，引导家长和幼儿做好运动准备，避免出现身体不适。

（2）关注家长和幼儿在游戏时的动作幅度，指导家长在进行亲子游戏时，要根据幼儿的身体情况用适宜的力度和动作幅度开展游戏活动，不要过度追求速度和强度。

（3）及时向家长介绍各个游戏的体能锻炼目标，引导家长感受体育游戏的设计含义和锻炼目标。

（4）及时拍照，记录亲子游戏的精彩瞬间，做好资料收集工作。

▶▶▶ 亲子运动会注意事项 （提前发给家长）

1. 请家长和孩子当天穿着便于运动的衣服和运动鞋。

2. 在整个活动过程中，幼儿和家长自由选择活动顺序。教师在组织各组游戏，所以请您一定要照顾好自己的孩子，不要让幼儿独自游戏，避免发生意外伤害。

3. 游戏活动是分组进行的，如果其他家长和幼儿正在游戏，请您和孩子稍做等待，听从负责本组游戏的教师的安排和指令。

4. 在其他班级进行游戏时，请您不要让孩子进入游戏场地，避免发生意外。如果孩子需要如厕，您可以随时带领幼儿到班级如厕。

5. 运动会以体能游戏为主，鼓励幼儿参与，培养兴趣为主，不是比赛，请家长们保持平常心，不要催促幼儿，以幼儿和家长的安全为主。

6. 请您带头保护环境卫生，如有垃圾，请扔到各个教室的垃圾桶内。

7. 为了保证亲子运动会的活动空间和安全，请每个家庭最好由一位年轻的家长参加，其他家长不要进入游戏场地。

8. 运动会是集体活动，请家长在参与游戏时带头遵守游戏规则，为孩子做表率和榜样。

（北京市西城区棉花胡同幼儿园　贡　颖）

（三）亲子闯关活动方案

▶▶▶ 前期准备

发布通知。包括三方面内容：一是亲子活动的主题、意义；二是亲子活动的时间、地点；三是参与成员的要求等。

示例：

家长您好，结合"六一"儿童节和幼儿园体育节的启动活动，小班组开展"马甸公园亲子闯关活动"。家长和幼儿一起度过充满挑战的"六一"儿童节吧！

注意事项：

1. ×月×日（星期×）早上8：30，一名家长拉好幼儿的手在马甸公园正门找各班教师集合并领取闯关地图。

2. 活动中包含跑、跳、投等运动项目，请尽量由父母参加，并穿适合运动的服装。

3. 玩具分享环节是培养幼儿的交往能力，鼓励幼儿尝试主动交朋友、分享玩具等，请您和幼儿一起准备方便分享的手头玩具2～3种、地垫。

4. 活动过程中请您关注天气变化，提醒幼儿适当休息与饮水。

闯关成功还有精美礼品哦，让我们一起加油吧。

▶▶▶ **亲子闯关活动方案**

活动名称：马甸公园亲子闯关活动

活动背景：结合园里的体育节，小班作为启动会的一部分，利用"六一"儿童节联合四个半日小班一起开展了"马甸公园亲子闯关活动"。

活动准备：

1. 经验准备：熟悉各项运动项目，掌握其中的能力，跑、连续跳、投掷等。

2. 教师准备：马甸公园平面图及各闯关点的标识提示（每人一份）、贴纸、礼品、音乐等。

3. 教师人员安排：安全巡视员、卫生保健员、各闯关点人员、主持人等。

4. 家长准备：熟悉活动流程、时间，为幼儿准备适宜的服装、水、分享的玩具、需要的地垫等材料。

活动目标：

（1）热爱运动，享受运动带来的乐趣。

（2）愿意通过分享玩具、简单交流等方式尝试交朋友。

（3）家长能够更多地陪伴幼儿，关注幼儿身心发展。

活动过程：

1. 8:00 全体小班教师到达马甸公园，布置相关内容，进入各工作岗位。

2. 8:30 班长在马甸公园迎接陆续到来的家长和幼儿，发放闯关地图，提示家长每过一关后贴一个贴纸，妥善保存闯关卡，闯关结束兑换礼品。注意关注幼儿身体变化，适当饮水与休息。

3. 10:00 闯关游戏结束，在同一地点分四个班进行礼品兑换和人数清点。

4. 10:30 幼儿表演韵律操和器械操，进行简单的集体游戏。

5. 11:00 进行玩具分享活动，集体合影，关注幼儿交往情况与安全。

6. 11:30 家长带幼儿自主离开。

▶▶▶ 闯关活动反馈表

表7　亲子活动反馈表

"马甸公园亲子闯关活动"家长反馈表
幼儿姓名：　　　　班级： 1. 在本次活动中，您观察到幼儿在运动方面有了哪些进步？   2. 在运动方面，幼儿有哪些动作发展还需要进一步提高？   3. 在家庭当中对孩子运动方面给予了哪些支持？需要幼儿园提供哪些相应的帮助？   4. 您对本次活动的建议有哪些？

▶▶▶ 组织亲子活动过程中应注意的问题

（1）活动设计阶段引导家长参与设计，旨在调动家长积极性，拓展思路与资源，更好地理解教师和了解活动目的等。

（2）前期进行家长调查。例如，平时在运动方面，家长给予幼儿的支持有哪些。

（3）活动前对家长进行有目的地指导，明确亲子活动的目的和家长作用。例如本次活动，教师在活动前提示家长有目的地观察幼儿在运动方面和交往方面的变化。

（北京市洁民幼儿园　马文慧）

（四）半日班幼儿运动能力培养的家长沙龙方案

▶▶▶ 前期准备

1. 发放调查问卷。

示例：

幼儿运动情况调查表

您好！3～6岁是孩子生长发育的关键期，科学合理的运动能够促进幼儿健康成长，为了全面培养幼儿的运动能力和健康的体质，本次调查想了解孩子在家时的运动情况，以便家园更好地合作，请您根据幼儿的运动情况，认真填写以下问卷，感谢您的配合。

幼儿姓名_____　　　班级_____

1. 您觉得孩子的运动能力是否重要？

○很重要，运动是孩子发展的基础

○比较重要，智力等发展更重要

○健康就行，不太重要

○孩子年龄小，玩得开心更重要

2. 您在周末、节假日是否经常带孩子进行户外锻炼或游戏？

○每天　　　　○经常　　　　○偶尔　　　　○从不

3. 您平时带孩子运动游戏的地方有哪些？

○家里　　　　○小区　　　　○健身器公园

○体育馆　　　○健身房　　　○游乐场　　　○其他

4. 您每次带孩子外出的游戏时间是多少?

○15min 以内   ○15~40min   ○1h 以上   ○半天及以上

5. 您平时在接送孩子以及带孩子外出的时候是否让孩子自己走路、爬楼梯?

○总是   ○经常   ○偶尔   ○从不

6. 如果您较少带孩子外出或运动,原因是什么?

○没时间   ○没地方去   ○不和孩子住在一起

○缺少器材   ○其他

12. 您认为孩子的运动能力包括哪些方面?

2. 发放家长沙龙通知。

示例:

各位家长:

您好! 3~6 岁是孩子生长发育的关键期,科学合理的运动能够促进幼儿健康成长。结合前期的调查问卷和在幼儿园观察到的孩子们运动能力的情况,近期将召开半日班幼儿运动能力培养的家长沙龙活动。大家可以在沙龙活动中交流一下孩子们的进步和您指导的好方法。自愿参加,期待大家积极参与!

时间:×××

地点:×××

(建议父母参与,更容易达成共识。)

半日班全体老师

▶▶▶ **半日班幼儿运动能力培养的家长沙龙方案**

示例:

沙龙名称: 半日班幼儿运动能力的培养

活动背景:

通过对调查问卷的整理我们发现,家长普遍认为带幼儿到户外运动很重要,并且愿意花时间带孩子们外出游玩。但是对于小班年龄段的幼儿需要发展哪些运动技能,发展到什么程度等概念比较模糊。户外运动缺少科学有效的计划,幼儿运动技能的发展较为片面。针对这些现象,旨在通过家长沙龙的形式指导家长了解小班幼儿体能发展的要求，达成教育共识，家园双方形成合力，一起探讨出更有利于提高幼儿体质和运动技能的家园共育方式，促进幼儿身心健康发展。

活动准备：PPT（幼儿体能测试项目）、体能测试器材、幼儿园平时的户外材料、幼儿在园活动视频、幼儿在家运动视频（连续拍球）。

活动目标：

1. 促进家园一致性教育，进一步提高幼儿体质。

2. 指导小班家长学会培养幼儿正确的运动技能。

活动过程：

（一）开场

家长们好，家长沙龙是家园共育的一种方式，我们是幼儿的教育者，也是合作者的关系，希望家长们能够积极地发言和讨论。每次家长沙龙咱们一起帮助幼儿解决一个问题，从而使幼儿的能力逐渐提高。四月份的重点工作是幼儿春季锻炼，所以今天咱们主要了解幼儿体能测试项目和适合在家庭进行的锻炼项目和方法。

（二）观看视频，提出问题

1. 请说说您陪孩子运动的感想和体会。

2. 请您说一说幼儿运动的困难点在哪儿？

3. 一起分析小班幼儿运动能力较弱的原因。

（三）经验交流

1. 请家长们说一说自己平时在家是怎么做的？

2. 有什么好的方法分享给大家？

（四）邀请保健医向家长介绍小班幼儿体能测试的标准

1. 逐一介绍体能测试的项目：双脚连续跳、立定跳远、网球投掷、体前屈、10米往返跑、平衡木、拍球。

2. 结合体能测试项目，介绍春季锻炼的办法。如在家如何进行锻炼，家长对于幼儿户外运动的误区。

（五）反思与总结

家园合作一直都是教育倡导的最重要的原则，通过家长沙龙活动，家长了解了幼儿园教育，不单是教育理念，更是具体的做法与内容。家长沙龙活动及问卷调查也使我们与家长之间的沟通更加紧密，使我们的合作更加顺畅。

家长们通过此次沙龙活动更加清晰地了解到孩子在小班期间应该掌握的运动技能和需要达到的水平，系统地了解了幼儿在园的运动项目。家长们一起从时间、场地、运动内容、幼儿年龄特点等方面讨论了影响幼儿运动能力发展的原因，并且交流了在家实行锻炼的好方法。

▶▶▶ 沙龙活动温馨提示

1. 活动通知提前一周贴出。

2. 家长沙龙组织过程中注意的问题：

（1）由于家长大多数时间只能看到自己孩子的情况，每个人问题都不一样。当主持人提出一个话题时，大家的思维比较跳跃，可能不太容易聚焦。建议将问题细化，便于家长们发言讨论。

（2）建议主持人在活动开始时先告知家长活动流程，便于家长有准备、有思考地参与活动，同时可以保持沙龙的连贯性。

▶▶▶ 家长沙龙折纸口袋书

示例：

前言：班级中幼儿投掷能力和腿部跳跃能力发展较弱。家长对于带孩子去哪里玩，玩什么比较犯愁。小班下学期幼儿将面对学年终体能测试，为了使幼儿掌握正确的运动技能，提高主动运动的意识，需要将幼儿园教育向家庭教育延伸，家园共育尤为重要。

通过沙龙活动，家长们意识到以下影响幼儿运动能力发展的因素。

1. 家长过度爱护，害怕孩子受伤。孩子是家庭的"心肝宝贝"，在家里许多大人围着他转，哄他开心，认为只要孩子吃好、健康就好。由于害怕孩子外出活动受伤，很多地方不让去，很多游戏不敢玩。却不知过度保护会让孩子的独立性渐渐消失，探索精神受到限制，从而导致发展迟缓。

2. 缺乏方法，难以掌握技巧。在孩子的游戏过程中，大部分家长从看护的角度保护幼儿游戏。只要孩子不和同伴发生冲突，很少介入孩子的游戏。当孩子自发出现拍球、跳绳等技巧性较高的运动时，祖辈看护者较难及时给孩子指导，缺乏方法、技能不但延长了孩子摸索的时间，也可能丧失游戏兴趣。

3. 缺少巩固练习，导致运动能力的"瘸腿"。家长能够有意识地带孩子外出运动，但是对于运动内容的选择缺乏计划性。以为只要运动了就可以了，导致孩子的上肢投掷能力和大腿的弹跳能力较为缺乏。

分享好的方法。

1. 通过参与孩子游戏的方法引发孩子的兴趣。兴趣是成功的开始，只有对某些事情产生了兴趣才能更加喜欢去做。我们可以参与幼儿的游戏，通过比赛的形式激发孩子对运动的兴趣。同时，可以通过示范的形式指导他怎样拍得稳又高。

2. 支持和鼓励孩子自理的需求。幼儿期有着强烈的好奇心，他们对新奇的事往往都有探究的欲望。当他们有这种欲望时，我们应该积极地支持和鼓励他们。在运动能力方面也是如此，当孩子攀爬或探索新的运动时，请您支持孩子的欲望，不要担心孩子会弄湿衣服、弄洒水等。您的制止和指责恰恰扼杀了孩子主动学习的机会与探索精神，孩子以后就会有胆怯和畏惧心理。幼儿拍球可以连续拍很多个时，你可以亲切地对他说一句"宝贝真棒，可以拍这么多个了，加油"。家长要抓住这些机会，及时给予引导。

3. 培养、教育贵在坚持，重在鼓励。运动技能不是与生俱来的，也不是一朝一夕就能获得的，我们千万不能操之过急，平时对孩子应耐心细致，还要持之以恒，坚持不懈，让他们有更多锻炼的机会，从而享受到成功的乐趣。

（北京市西城区棉花胡同幼儿园　张静竹）

（五）半日班幼儿运动能力培养的家长助教方案

▶▶▶ 前期准备

1. 发布家长助教招募公告。

示例：

家长助教

开始招募啦

时间：2019.3.12

地点：小二班

户外拥有新鲜、刺激的游戏环境，户外活动具有开放、自由的游戏特点，能够很好地调动幼儿的游戏兴趣，有利于幼儿身体协调能力及空间感的获得与发展。

我们希望通过家长助教的方式，邀请家长参与到我们的教育教学工作中来，共同出谋划策，结合本班幼儿的兴趣与特点，运用幼儿熟悉的运动器材，有针对性地开展"一物多玩"的体育活动，在发展幼儿动作技能的同时，挖掘幼儿的想象力和创造力，帮助幼儿体验运动带来的乐趣，并与家长形成良好的家园共育关系。

欢迎喜爱运动、时间允许、并熟悉一些幼儿运动健康相关知识的家长踊跃参加哦!

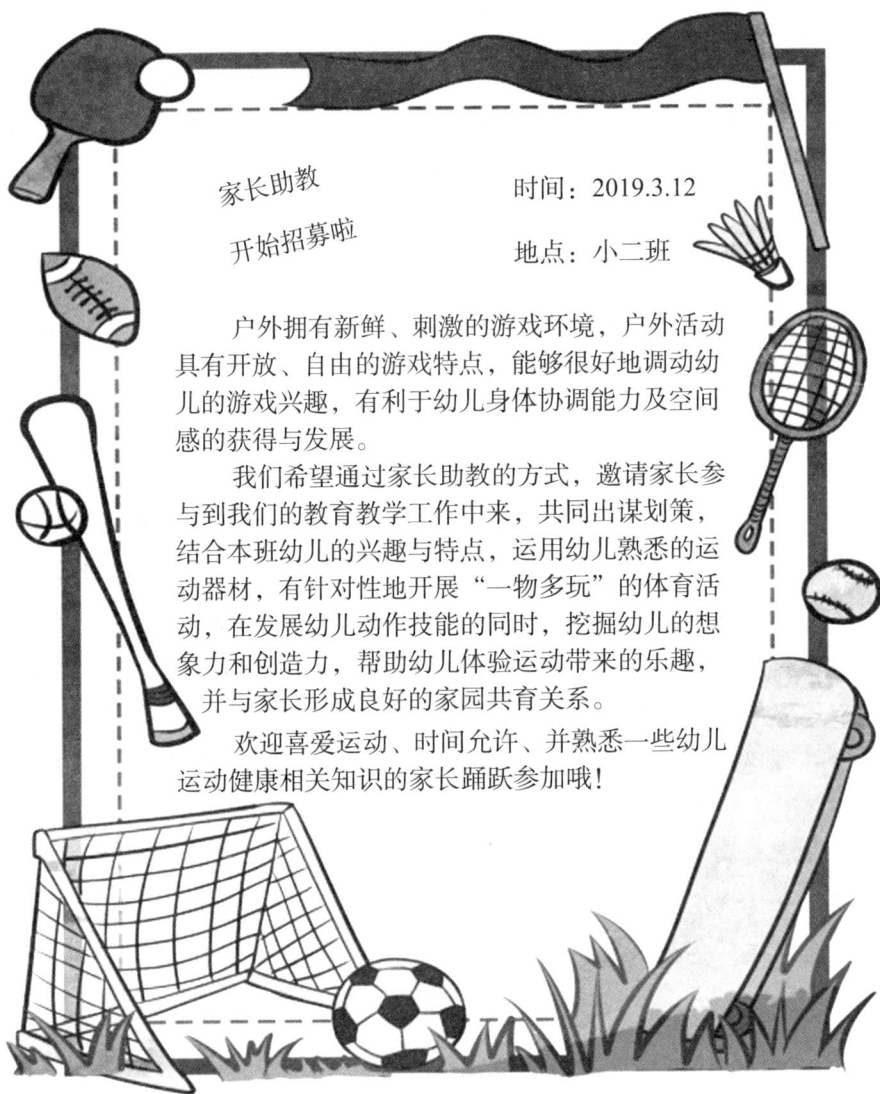

2. 制订家长助教记录表。

表8　家长助教记录表

幼儿姓名	家长姓名	关系	助教时间	助教内容

▶▶▶ **家长助教活动方案**

示例：

活动名称：好玩的绳子

活动背景：体育游戏是幼儿日常生活的重要环节，能够增强体质，提高身体素质，培养其走、跑、跳、钻、爬等技能。户外活动拥有新鲜、刺激的游戏环境，具有开放、自由的游戏特点，能够很好地调动幼儿的游戏兴趣，有利于幼儿身体协调能力及空间感的获得与发展。我们希望通过家长助教的方式，邀请家长参与到我们的教育教学工作中来，共同出谋划策，结合本班幼儿的兴趣与特点，运用幼儿熟悉的运动器材，有针对性地开展"一物多玩"的体育活动，在发展幼儿动作技能的同时，挖掘幼儿的想象力和创造力，让幼儿体验运动带来的乐趣，并与家长形成良好的家园共育关系。

活动准备：

1. 物质准备：轻快的音乐《小鸡热身操》、鸡妈妈头饰、绳子人手一根、轮胎、爬行垫、拱形门、平衡木。

2. 经验准备：幼儿玩过与绳子相关的小游戏，了解绳子的特点。

活动目标：

1. 大胆发现并尝试绳子的多种玩法，对"一物多玩"感兴趣。

2. 发展走、跑、跳、钻、爬、平衡等综合能力。

3. 使幼儿接触不一样的教育感知，增强幼儿的交往能力。

活动过程：

1. 助教家长扮演"鸡妈妈"，带领幼儿扮演的"小鸡"进入活动场地。

2. "鸡妈妈"自我介绍，并相互认识，调动活动气氛。

3. "鸡妈妈"带领"小鸡"们跟随音乐做小鸡热身操。

4. 取绳子。"鸡妈妈"带领"小鸡"去捉虫子（绳子），每名幼儿一根。

5. 玩绳活动。幼儿伴随音乐，自由探索并分享绳子的玩法。

6. 游戏"好玩的绳子"。

（1）跳：间隔不同距离摆放绳子，幼儿可根据自己的兴趣进行挑战与游戏。

（2）爬：绳子依次首尾相连摆成一条直线，沿着绳子爬。

（3）综合："小鸡"们通过各种障碍，将"虫子"从起点运送至终点。

（4）放松活动。

▶▶▶ **家长助教活动温馨提示**

1. 设计家长助教反馈表。

（1）您觉得本次活动给幼儿的收获有哪些？

（2）您觉得本次活动中的困难与问题有哪些？

（3）本次活动中，您有什么感受？

2. 与家长共同备课过程中应注意的问题。

（1）关注并了解家长的经验与观念，与家长形成教育共识。

（2）内容选择应结合幼儿需要、班级活动及家长特色资源。

（3）与家长共同讨论内容与形式，确保活动的可行性与时效性。

（4）帮助家长了解幼儿的年龄特点及需要关注的问题。

（5）给予适宜的跟进，帮助家长将预设的问题具体化。

（北京市西城区棉花胡同幼儿园　王芷若）

三、交往能力家园共育活动方案

（一）半日班幼儿交往能力培养的家长会方案

▶▶▶ **前期准备**

1. 发放调查问卷。

示例：

幼儿交往能力问卷调查

幼儿姓名：　　　　　幼儿班级：

尊敬的家长：

您好！近期，班级将召开以培养幼儿良好交往能力为主题的家长会，为更加有针对性地组织家长会内容，我们设计了此调查问卷，以便更好地了解本班幼儿交往能力的现状。请您在填写问卷时，根据孩子的情况，实事求是地选出最合适的选项，写出您的疑虑和想法，谢谢您的配合。

1. 您与宝贝的关系是

○爸爸　　　　　○妈妈　　　　　○爷爷/姥爷　　　　○奶奶/姥姥

2. 您的宝贝最喜欢做什么?

○独自玩　　　　○家人陪伴游戏　　　○跟一个好朋友一起玩

○与很多小伙伴一起玩

3. 您的宝贝在日常生活中，出现情绪问题会主动向家人倾诉自己生气或难过的理由吗?

○经常　　　　　○有时　　　　　○从不

4. 您的宝贝能主动与别人问好和道别吗?

○经常　　　　　○有时　　　　　○在家长提醒下可以做到

○不主动

5. 您的宝贝在与其他同龄伙伴一起玩耍时会使用基本的礼貌用语吗?

○经常使用　　　○有时　　　　　○不经常使用

6. 您的宝贝在游戏过程中想要其他同伴的玩具时会做什么?

○语言询问　　　○直接上手拿　　○向家长提出想要的愿望

7. 您对培养宝贝交往能力的看法?

○非常重要　　　○顺其自然　　　○无所谓

8. 您经常带宝贝去有小朋友的家做客吗?

○经常　　　　　○有时　　　　　○从不

9. 您愿意创设环境支持宝贝的同伴交往吗（例如邀请同伴来家中玩)?

○愿意　　　　　○尊重孩子的想法　　　　　○不愿意

10. 在同伴交往中您的宝贝愿意谦让吗?

○愿意　　　　　○不愿意

11. 在游戏过程中，宝贝是否敢于加入其他宝贝的谈话或游戏?

○能　　　　　　○不能

12. 您的宝贝愿意与别人分享自己的零食或玩具吗?

○愿意　　　　　○在家人的引导下可以　　　　○不愿意

13. 您的宝贝能与伙伴合作共同游戏吗?

○可以　　　　　○遇到矛盾或问题无法合作到底

○不可以

14. 您的宝贝能平稳地解决游戏中的矛盾，不情绪失控吗？

○能　　　　　○有时可以　　　○不能

15. 您的宝贝在交往中面对问题时，愿意找家长解决吗？

○能主动找家长寻求帮助　　　○有时可以　　　　○不可以

16. 您的宝贝在交往过程中乐于帮同伴解决困难吗？

○自己能够解决时愿意　　　　○不愿意

17. 您感觉自己的孩子在交往方面有哪些不足或比较困难的方面？

_____

18. 您在发展幼儿交往能力时有什么担心或问题？

_____

2. 发布家长会通知。

示例：

家长会通知

　　家长您好，宝贝们入园已经有一段时间了，作为幼儿第一次离开父母，独自进入的第一个社会场所，对幼儿交往能力的培养就显得格外重要。良好的同伴交往不仅能够发展幼儿各方面的能力，而且对适应幼儿园生活，对幼儿园产生归属感、依恋感也有很重要的作用，因此班级希望以同伴间的良好交往为主题开展家长会活动，请家长务必积极参与。

　　家长会初步定于×年×月×日（星期×）×点，在×层召开。请每个家庭派一位家长参与即可，父母是陪伴孩子最好的老师，此次家长会最好由爸爸或妈妈参加。

▶▶▶ 家长会方案

示例：

活动背景：小班幼儿第一次离开家人无时无刻的陪伴，独自进入幼儿园，开始一种崭新的生活模式，孩子们日常面对的不再只有父母亲人，还有一群相似但却陌生的小伙伴。孩子们的社会交往从亲人拓展到了同龄幼儿。在家中，每个宝贝都是集多个成人宠爱于一身的"小公主""小王子"。但进入幼儿园，孩子们面对的都是同龄人，而成人也只有两三位老师，关注变少了，也没有了时时刻刻的体贴照顾，想要尽快适应并喜欢上幼儿园，同伴交往就成为重中之重。那么如何发展幼儿的交往能力呢？这就需要我们与家长共同探讨、相互配合。

心理学家皮亚杰指出：同伴交往是克服性格孤僻和自我中心的良好途径。半日班的幼儿有半天的时间与班中幼儿相处，还有半天可以去接触幼儿园外的小伙伴，那么如何在幼儿园高效有趣地发展幼儿的交往能力，同时回家能得到巩固，让幼儿学会交往，为今后的生活打下坚实的基础呢？

活动准备：家长会发言稿、签到表、PPT、反馈表。

活动目标：

1. 通过分析小班幼儿的年龄特点及家长问卷调查结果，了解小班幼儿的交往水平，提出更有针对性的方法来发展幼儿交往能力。

2. 了解本学期班级针对幼儿交往能力发展会开展的相关活动。

3. 分析半日制小班生活的特点和对发展幼儿交往能力的利与弊，家长如何利用半天的自主时间更好地强化幼儿在幼儿园学到的交往经验，达到良好的家园配合，使幼儿得到全面发展。

4. 家长们通过讨论的形式集思广益，分享在家发展幼儿交往能力的好方法。

活动过程：

（一）开场

家长们大家好，感谢大家来参加今天的家长会。孩子们刚刚进入幼儿园，相信家长们也存在着或多或少的担心与焦虑，怕自己的孩子无法适应幼儿园生活，怕半日制的幼儿园生活使孩子们各方面的能力无法得到良好的发展，因此今天想从幼儿良好交往的角度，与家长们一同探讨帮助幼儿尽快适应并喜欢上幼儿园生活的方法。

（二）问卷调查数据分析

首先非常感谢各位家长的积极配合，经过整理分析调查问卷，得出的结果如下：

（1）家长们都希望自己的宝贝能够外向开朗一点，具备主动与别人交往的能力。其中有30%的家长表示自己的孩子能够主动与别人打招呼，而不能主动与别人打招呼的幼儿，在成人的引导下也能做到。

（2）大部分幼儿能够愉快地与其他小朋友游戏，但小朋友间的交流较少，没有体现出合作。

（3）大部分幼儿愿意主动与家人分享自己不愉快的情绪，同时在与小朋友发生矛盾时愿意寻求家长的帮助，而不是运用一些不好的行为去激化矛盾。也有少部分家长表示，幼儿缺乏相应的交往技能，不会用语言表达，往往变成直接上手抢等不友好的行为，且出现矛盾时情绪容易激动，需要家长及时发现，并介入进行安慰与解决。

（4）大部分幼儿有分享的意识，愿意主动或在家长的引导下与别人分享，也有家长表示自己的孩子不愿意分享，但也不会强求别人分享，总是自己玩自己的。

（5）家长们表示愿意创造机会发展幼儿的交往能力，但由于在家时是多个家长照顾一个孩子，这样的过度保护造成孩子有些内向，以自我为中心，缺乏交往经验。

（6）通过分析调查问卷的结果，孩子们任何看似好与不好的行为都与家长日常的教养方式息息相关。对于孩子表现好的一面，家长要运用鼓励的方法让孩子继续保持，而对于需要改进的地方，家长们也不用过分担心，因为根据幼儿的年龄特点，3岁幼儿本身就是以独自游戏为主。只要把握好幼儿的年龄特点，再针对自己家宝贝自身的特点采用适合的方法，幼儿的交往能力一定会有所发展。

（三）分析小班幼儿的年龄特点

接下来我会分析小班幼儿的年龄特点，以及根据幼儿的年龄特点班级将要开展的一系列发展幼儿交往能力的活动，和家长能够在家陪伴幼儿做的事情。希望家长能认真了解，并且在今后班级开展相应活动时能积极配合。

（1）动作发展快。小班幼儿处于身体迅速发展的时期，而动作发展又是其重要标志。他们身体和手的动作已经比较自如，可以掌握各种粗大动作和一些精细动作。由于动作发展的需要，小班孩子特别好动。由于骨骼肌肉的发展和大脑调节控制能力的不断增强，在小班这一年中，孩子动作的进步会非常快。

因此，根据小班幼儿这一年龄特点，班级会开展形式多样、内容丰富的户外游戏活动。比如集体游戏"彩虹伞"，教师和部分幼儿一起举起彩虹伞当作老鼠笼，另一部分幼儿当老鼠。老鼠从彩虹伞下取粮食（沙包）后放到彩虹伞外的筐里。儿歌结束，教师和部分幼儿落下老鼠笼，没有钻出去的小老鼠被捉到。幼儿在游戏过程中需要相互配合才能带动彩虹伞，在这个过程中，孩子们会自然地产生交流，比如"我们一起蹲，再一起站起来吧""你拿着这儿，这里有个缝"。这个游戏能加深幼儿的交流与团体协作意识，同时作为集体游戏，每个幼儿都能参与其中，都能得到发展。

又如，将孩子们熟悉的绘本改编成户外体育游戏。利用绘本《好饿的毛毛虫》，我们将大纸箱制作成迷宫，让幼儿变身成一个个好饿的毛毛虫爬着去寻找吃的，只有通过迷宫，才能得到食物。幼儿需要通过合作摆纸箱设计迷宫。在这个过程中就产生了交流，幼儿为了有趣的游戏能够开展，会很努力地去设计迷宫；而纸箱需要两三个小朋友一起合作才能搬动，这对于那些不善与人交往的小朋友而言，就是个很好的合作交流的机会。户外游戏不仅发展了幼儿基本的体育技能，而且能让幼儿主动敞开心扉与别人交流合作。家长们也可以从现在开始想想自己家孩子爱看的、可以改编成体育游戏的绘本，到时候我们会在群里收集家长的意见，选出两本班里幼儿都爱看的绘本开展活动，希望家长多多支持。

（2）认识靠行动。幼儿动作的发展不仅有利于他们的身体发育，而且对他们的思维发展也有重要的价值。刚刚经历完婴儿期的3岁幼儿，正处于直觉行动思维到具体形象思维的过渡阶段，他们的认识很大程度上要依赖行动。同时，3岁幼儿的口语表达和人际交往能力与中、大班幼儿相比还较差，所以他们常常通过自己的行动表达需求。

因此就需要根据幼儿已有的生活经验，配合发展幼儿的交往能力。今年计划开展主题"一起去郊游"，这个主题是结合班级的娃娃家，通过我们日常观察幼儿的游戏引发的。在娃娃家中，幼儿喜欢玩野餐的游戏，带着娃娃、食物出来玩。因此我们想通过春天的踏青活动丰富幼儿的郊游经验，帮助幼儿将生活经验运用到游戏中，使幼儿在游戏中出现更多的互动交往。如娃娃家的小朋友可以带娃娃出来郊游，在班级中支帐篷、做饭，可以和建筑区的小朋友互动，去参观他们的建筑，天气暖和了可以带着玩具材料到户外进行游戏。

同时，我们半日制的小朋友有着得天独厚的条件，在幼儿园进行了郊游野餐的角色扮演后，家长们就可以利用剩下半天的时间，带着孩子去郊游踏青，让孩子将在幼儿园学到的知识经验马上迁移到实际生活中。有些家庭是老人帮忙照顾孩子，而有的老人可能不知道要陪孩子玩什么，这也是一个帮老人解决难题的好方法。孩子们可以在老人的陪同下结伴出游，就去附近的小公园、小草地即可，这样孩子们还能进一步加深同伴间的感情，有了好伙伴，孩子们自然也就愿意来上幼儿园了。

（3）情绪作用大。情绪对3岁幼儿的支配作用很大。他们的认识主要受外界事物和自己的情绪支配，他们的许多活动也都是"情绪化"的。

因此在幼儿园，教师会像妈妈一样去体贴、关爱幼儿。同时借助幼儿思念家人的情感，利用节日（母亲节、父亲节、妇女节等）开展谈话活动，发展幼儿的语言，为幼儿交往能力的发展打下良好的基础。

我们可以让幼儿将妈妈日常照顾自己的行为用照片记录下来，带到幼儿园，开展"这就是爱"的活动。孩子手持照片分享自己的妈妈是怎样爱自己的。孩子在分享的过程中，语言能力会有所发展，同时经过这种形式的锻炼，孩子也会更加勇敢、更爱表达。最后将照片收集在图书区，孩子们可以利用区角时间继续跟自己的同伴进行分享，也能缓解幼儿因思念家人产生的分离焦虑。

（4）爱模仿。爱模仿是 3 岁幼儿突出的年龄特征。他们喜欢模仿老师、家长和伙伴。模仿可以成为他们的学习动机，也可以成为他们学习他人经验的过程。幼儿的模仿并不是消极被动的临摹，他们在模仿中有创新，有自己个性与情感的表达。在家里，孩子们已经习惯了被照顾、被宠爱的生活模式，有时显得很"霸道"，这就需要家长慢慢转变相处模式，可以与孩子在家玩"角色扮演"的游戏。在游戏情景中，家长不再是家长，而是与宝贝同龄的小朋友，这时您与孩子的关系是平等的。因此在角色扮演的过程中，家长不应一味谦让，而是教给幼儿一些交往中常用的交往技巧和礼貌用语，比如"这个玩具，你可以借我玩吗？""谢谢"。在幼儿试图直接拿走玩具，或是出现不遵守游戏规则的情况时，家长也要及时利用角色的语言予以制止，比如"你不可以抢我的玩具，我不喜欢你这样。""你可以问问我想不想借给你。"在出现更大的矛盾时，家长也不要妥协，因为此时你跟他一样，在日常的同伴交往中，基本不会出现一方自愿妥协的情况，这时你可以说"奶奶，你快来，他抢我的东西，他这样是不对的。""奶奶，他哭了怎么办。"让幼儿明白当出现自己解决不了的问题时，可以寻求大人的帮助。

家长还可以找一些关于同伴交往的绘本，有时间的时候给孩子讲一讲，讲完再问问孩子书里都有什么好方法值得我们学习，多讲多问，反复如此，孩子会很自然地将绘本中学到的方法在日常生活中运用起来。

（四）家长讨论，说出自己在家培养幼儿交往能力的好方法或自己的疑

问与担忧

最后请家长踊跃发言，分享自己在家发展幼儿交往能力的好方法。

（五）反思与总结

通过开展以幼儿良好交往为主题的家长会，可以让家长更全面地了解幼儿分离焦虑的原因，从发展交往能力的角度找到解决问题的方法，从而减轻家长的担忧与焦虑。从分析幼儿年龄特点的角度出发，告知并梳理班级日常开展的活动，以及家长可以配合的形式，便于家长理解。同时，结合半日制小班的生活特点，向家长提出更有针对性的陪玩策略，让家长认识到班级教师队伍的专业和负责，更加认可班级教师的工作，形成良好的家园互动。也可以调动老人照顾孩子的积极性，使家庭成员在教育孩子的问题上实现更良好的配合。

▶▶▶ **温馨提示**

1. 家长会活动通知要提前一周贴出。调查问卷提前半个月发放，让家长在微信群接龙回复填写完成情况，保证问卷填写的数量和质量。

2. 家长会活动中应注意的问题：

（1）注意时间分配，理论和案例描述分配合理，不让家长觉得枯燥或不实用；

（2）注意措辞，不出现敏感或不适合的语句；

（3）与家长形成良好的互动，积极组织家长发言；

（4）对于家长可能提出的疑问要提前做好准备，体现教师的专业性。

（北京市西城区棉花胡同幼儿园　周思贤）

（二）半日班幼儿交往能力培养的家长沙龙方案

▶▶▶ **前期准备**

1. 发放调查表。

在家长沙龙前向家长发放有关幼儿交往方面的调查表，了解家长对幼儿同伴交往的看法和需求。

示例：

幼儿交往情况调查表

（1）孩子平日是否有较固定的伙伴？是否能主动与同伴交往？

（2）您对幼儿的同伴交往现状有哪些困惑？

（3）对于提高幼儿的同伴交往能力，您有哪些好的方法策略？

2. 发布家长沙龙通知。

示例：

亲爱的家长：

您好！幼儿入园已经有一段时间了，您也看到了孩子在进入小班的成长变化。小班是人际交往的重要阶段，但由于小班幼儿年龄特点及交往技能等因素的影响，在同伴交往方面有待提高。通过前期的问卷调查，我们也了解到您对孩子在同伴交往方面的需求。因此近期我们将开展一次关于"同伴友好交往"的家长沙龙活动，通过家长们的共同探讨来帮助解决您的问题。

时间：×年×月×日

地点：××活动室

温馨提示：家长是孩子的第一任老师，孩子的成长离不开父母的陪伴和教育。因此希望本次的家长沙龙活动由孩子的父母来参加！

▶▶▶ 家长沙龙方案

示例：

第一次家长沙龙：如何促进幼儿同伴交往能力的发展

（一）活动背景

半日班幼儿由于在幼儿园的时间较全日班幼儿少，每天只有半天和同伴生活游戏的时间，因此与同伴学习交往的持续性较弱。小班幼儿以自我为中心，以独自或平行游戏为主，对同伴的关注少，因此在交往方面比较被动。通过家长问卷调查和与家长平日沟通，教师了解到家长在幼儿同伴交往方面也存在一些问题和困惑。基于以上原因，本次家长沙龙将围绕促进幼儿同伴交往能力的发展进行活动。

（二）活动准备

1. 场地准备：准备充足的座椅（多于前来参加活动的人数）。

2. 物质准备：促进幼儿同伴交往的PPT、幼儿在活动中与同伴游戏或交往的视频、大白纸、水彩笔、家长沙龙签到表、家长沙龙反馈表等。

（三）活动目标

1. 了解小班幼儿同伴交往的特点及当前要解决的问题。

2. 与家长共同梳理幼儿主动交往的策略方法，家园共同培养。

（四）活动过程

1. 观看视频，找出幼儿在当前阶段同伴交往的特点及存在的问题。

（1）教师逐一播放视频。

视频一：播放一段幼儿玩玩具的视频，其中两个小朋友都玩同一个玩具，但是没有肢体动作及语言。

视频二：播放两个小朋友在娃娃家一起给娃娃喂饭的视频，其中有一些肢体语言表达交往意图。

视频三：两名幼儿都想玩同一件玩具，其中一名幼儿用肢体动作来解决，另一名幼儿在护住玩具的同时用语言交流。

（2）观看之后与家长共同交流。

（3）教师梳理并小结小班幼儿同伴交往的一些特点。

2. 针对幼儿当前交往的共性问题，请家长献计献策。

问题一：幼儿没有主动交往的意识怎么办？

问题二：幼儿不敢和同伴交往（胆子小）怎么办？

问题三：幼儿不会与同伴交往（经常出现冲突或交往效果不理想）怎么办？

（1）结合家长的需求自愿分为三组，每组家长针对一个问题进行讨论，并在大白纸上记录支持的方法策略。教师也参与到家长的交流讨论中，并及时反馈家长在讨论中遇到的问题。

（2）请每组代表发言，针对每组的发言请大家做补充，教师及时记录。

3. 教师总结讨论结果。

（1）幼儿没有主动交往的意识：创设交往的环境，如主动邀请小朋友到自己家玩。家长热情待客，以做表率。家长要经常找机会带孩子与同龄伙伴交往。为孩子创设一个与伙伴交往的氛围，让孩子在不知不觉中提高交往能力。

（2）幼儿不敢和同伴交往：家长多鼓励孩子。不特意强迫孩子交往，但要抓住教育机会。可以以手偶表演等方式与幼儿一起玩，引导孩子大胆与同伴一起玩。

（3）幼儿不会和同伴交往：家长要正确看待幼儿之间的矛盾，适当引导。通过绘本故事教给孩子一些和同伴友好相处的技巧。

（五）反思与总结

此次活动使家长明确小班幼儿同伴交往的年龄特点及相应的引导方法。幼儿交往是一个循序渐进的过程，是在日常生活中去实践的。每个阶段的同伴交往都会有一些典型表现，因此也不是一次家长沙龙就可以解决全部问题，还需要教师在日常生活中为幼儿创造与同伴交往的机会，并与家长进行有针对性的沟通。

▶▶▶ 温馨提示

1. 提前一周贴出家长沙龙活动通知。

2. 家长沙龙组织过程中应注意的问题：家长都是针对自己孩子的情况提出问题，问题较多，因此教师要整理出共性问题。

▶▶▶ 家长沙龙折纸口袋书

示例：

（一）前言

半日班的幼儿在园时间短，与同伴交往的时间较整日班的幼儿少。幼儿在游戏活动中与同伴交往少，大多喜欢独自游戏。幼儿的交往意识弱，交往技能不足。在与家长的沟通中了解到，家长对幼儿同伴交往的能力比较重视，但是缺乏相应的指导策略。当幼儿出现一些交往问题或困难后，家长往往不知道怎样去引导或引导方法不适。本次家长沙龙活动解决家长在孩子交往方面的问题并提供适当的支持策略，对提高幼儿同伴交往能力有一定的促进作用。

（二）教育现场重现

列举家长沙龙过程中谈及的2~3个案例。呈现教育现场以及家长的解决措施。

案例一

现状描述：我家××的胆子特别小，平日带她出去玩或者在楼下碰到同龄的孩子，每次都不主动跟他们打招呼或者一起玩。对比较熟悉的还好，不熟悉的就不理，自己玩。孩子的这种现象不知道是年龄特点还是我家孩子特有的问题，请大家帮助支招。

提供的策略：

1. 保护孩子的自尊心，不要当着别人的面强制要求孩子交往或批评孩子的行为。

2. 可以多带孩子到同伴多的地方游戏，不特意强迫，但要抓住机会。如有小朋友对其他小朋友或他们的玩具感兴趣，这时家长要主动引导。"你看小姐姐也想和你一起玩，你们拉拉手吧！"

案例二

现状描述：我家孩子喜欢跟小朋友玩，但是有时他喜欢管小朋友，如果那个小朋友做的事情不对，他会去说甚至会拉别人。我们也经常告诉他不应该这样做，可是效果不佳。

提供的策略：

1. 倾听幼儿的想法，给予理解。

2. 提高幼儿的交往能力，可以通过情景再现的方式让幼儿体会哪些方式让别人感到舒服，哪些方式会让别人不高兴。

（三）教师支招

1. 创设交往的环境，如主动邀请小朋友到自己家里玩。家长热情待客，以做表率。

2. 通过绘本故事教给孩子一些和同伴友好相处的技巧。

3. 家长要正确看待幼儿同伴之间的矛盾，适当引导。

（四）亲子活动

1. 亲子阅读：《我的兔子朋友》《月亮是谁的》《生气汤》《南瓜汤》《我有友情要出租》。

2. 亲子游戏：好朋友。家长和幼儿轮流说出自己好朋友的名字，并简单描述好朋友的外貌特点。

3. 亲子制作：家长与幼儿一同制作一个手工作品，请幼儿送给好朋友。

（北京市西城区棉花胡同幼儿园　赵　蕊）

（三）半日班家长助教方案

▶▶▶ 前期准备

1. 发布家长助教招募公告。

示例：

家长助教开始招募啦！

时间：2018 年 10 月 24 日　　　地点：小二班

《纲要》指出，幼儿社会领域的目标是能主动地参与各项活动，有信心，乐意与人交往，学习互助合作与分享等。小班幼儿刚刚入园，对幼儿园的环境存在陌生感，小朋友之间也不知道如何交往，学习初步的交往是幼儿园教育的一个重点。我们应重视对幼儿社会交往能力的培养，为其日后的发展奠定良好的基础。因此，我们希望通过家长助教的方式，邀请家长参与到我们的教育教学工作中来，共同出谋划策，帮助幼儿更好地适应幼儿园生活，学会与人交往、与同伴友好相处。

欢迎爱讲故事、时间允许、并了解一些幼儿社会交往特点及相关知识的家长踊跃参加哦！

2. 及时做好家长助教记录。

幼儿姓名	家长姓名	关系	助教时间	助教内容

▶▶▶ 家长助教活动方案

家长助教活动名称：一起玩

（一）活动背景

《纲要》指出，幼儿社会领域目标是能主动地参与各项活动，有信心，乐意与人交往，学习互助合作与分享等。小班幼儿刚刚入园，对幼儿园的环境存在陌生感，小朋友之间也不知道如何交往，学习初步的交往是幼儿园教育的一个重点。我们应重视对幼儿社会交往能力的培养，为其日后的发展奠定良好的基础。因此，我们希望通过家长助教的方式，邀请家长参与到我们的教育教学工作中来，共同出谋划策，帮助幼儿更好地适应幼儿园生活，学会与人交往、与同伴友好相处。

（二）活动准备

物质准备：故事《我们一起玩》、小鸡手偶、桌面积木。

经验准备：幼儿间发生过交往上的冲突，并知道一些解决矛盾的方法。

（三）活动目标

（1）尝试用谦让、轮流、合作等方法解决游戏中的矛盾冲突。

（2）学会"没关系""你先玩"和"我们一起玩"等礼貌用语。

（3）乐意与同伴进行友好合作。

（4）通过家长助教活动，使幼儿接触不一样的教育感知，通过游戏增强幼儿的交往能力。

（四）活动过程

（1）助教家长自我介绍，并相互认识，调动活动氛围。

（2）助教家长戴手偶道具："前几天下雨，小鸡的房子被大雨冲垮了，小鸡很着急，你们想当建筑师建房子来帮助小鸡吗？"

（3）幼儿利用桌面积木自由搭建房子，教师注意观察，发现幼儿的冲突点。如争抢同一块积木等。

（4）发生矛盾时，提问：你们怎么了？请小朋友们帮他们想个好办法解决矛盾。

（5）听故事《我们一起玩》。

提问：明明和婷婷之间发生了一件什么事？他们是怎样解决问题的？

（6）回忆刚刚发生的冲突，幼儿充分表达自己的想法，并出谋划策，助教家长帮助幼儿总结并提取行之有效的交往方法。

（7）再次游戏，帮助小鸡搭房子，鼓励幼儿主动使用礼貌用语解决矛盾冲突。

▶▶▶ 温馨提示

1. 设计家长助教反馈表。

（1）您觉得通过本次活动，幼儿的收获有哪些？

（2）您觉得本次活动中的困难与问题有哪些？

（3）本次活动中，您有什么感受？

2. 与家长共同备课过程中应注意的问题。

（1）关注并了解家长的经验与观念，与家长形成教育共识。

（2）内容选择应结合幼儿需要、班级活动及家长特色资源。

（3）与家长共同讨论内容与形式，确保活动的可行性与时效性。

（4）帮助家长清晰并了解幼儿的年龄特点及需要关注的问题。

（5）给予适宜的跟进，帮助家长将预设的问题具体化。

（北京市西城区棉花胡同幼儿园　王芷若）

（四）半日观摩活动方案

▶▶▶ 前期准备

1. 发布半日观摩活动公告。

示例：

本期半日观摩活动即将开始啦！

幼儿间的同伴交往是幼儿社会性发展的一种需要，对幼儿社会性发展起着重要的作用。小班幼儿在日常相处的过程中，已经初显友好交往的行为。本次家长半日观摩活动想邀请大家一起进入森林的世界，听一听发生在小老鼠身上的有关帮助他人和分享的故事吧！欢迎大家的到来！

活动时间：2018 年 10 月 28 日

活动地点：小一班

活动邀请：幼儿的妈妈或爸爸

邀请人数：每名幼儿一位家长

▶▶▶ 半日观摩活动方案

活动名称： 小老鼠分果果

（一）活动背景

孩子们来幼儿园已经有一个多月了，通过观察与了解，教师发现孩子们都很喜欢森林里的各种小动物，并且有很多关于不同动物的生活见闻。班级里一本名叫《小老鼠分果果》的故事书获得了大家的喜爱。

（二）活动准备

1. 物质准备：《小老鼠分果果》故事PPT。

2. 经验准备：谈话活动，说一说自己知道的森林中的动物。

3. 已经开展了《小老鼠分果果》图书1～13页故事分享讲述活动。

（三）活动目标

（1）通过讲述故事后半段，感受故事中小动物间的互相帮助。

（2）了解生活中常见的礼貌用语。

（3）结合自身生活经验，讲述（或同家长一起讲述）自己曾经的分享经验，体验同伴分享的快乐情感。

（四）活动过程

（1）播放PPT《小老鼠分果果》，讲述小乌龟帮助小老鼠之前的故事。帮助幼儿回忆故事前半部分的内容。

提问1：故事里讲述了小老鼠和谁的故事？

提问2：小老鼠想带大苹果回哪里？

提问3：大苹果掉到水里的时候，谁帮助了小老鼠？

提问4：得到了帮助的小老鼠对青蛙说了什么？

提问5：大苹果掉到灌木丛中的时候，谁帮助了小老鼠？

（2）播放PPT《小老鼠分果果》，讲述小乌龟帮助小老鼠之后的故事内容。

教师1：离开了小乌龟之后，小老鼠到家了吗？还会发什么事情呢？快让我们一起来看看吧。

提问1：得到了帮助的小老鼠对乌龟说了什么？

提问2：乌龟吧唧着嘴巴看着大苹果，它在想什么呢？

教师 2：想着回家就能吃到大苹果的小老鼠再一次分享了吗？"咚"的一声，快让我们一起看看发生什么事了吧？

提问 3：大苹果发生了什么事？接下来会发生什么？

提问 4：小鼹鼠很喜欢做什么事情？

教师 3：离开小鼹鼠的小老鼠很快就到家了，可是感觉一点儿也不快乐，它突然遇到了一件什么事情？

提问 5：大苹果突然怎么了？

提问 6：追上大苹果的小老鼠遇见了谁？

（3）教师小结

教师 1：原来好朋友要在一起才会这么快乐。

提问 1：大家在一起做了什么事情？

提问 2：这个时候小动物们都在想什么呢？

教师 2：每一个小动物都是不一样的，它们长得不一样，它们的本领不一样，但一样的是在小老鼠需要帮助的时候，都主动帮助了它。同时，每次得到帮助的小老鼠总会说"谢谢"。

提问 1：得到帮助之后，我们还可以说什么？

教师 3：在故事的最后，小老鼠到达家门口的时候没有感觉很开心，它也发现，和大家一起分享自己喜爱的东西才开心。

提问 1：和大家一起分享自己喜爱的东西，你会有什么感觉呢？你分享过什么喜欢的东西吗？（可以在家长的协助下分享讲述）

▶▶▶ 温馨提示

1. 设计半日观摩活动反馈表。

（1）您觉得孩子间的友好交往有哪些？

（2）您觉得本次活动可以促进孩子在生活中的哪些友好交往？

（3）结合本次活动，您有什么感受？

2. 组织半日观摩活动过程中应注意的问题。

（1）关注并了解家长的经验与观念，与家长形成教育共识。

（2）活动内容应结合班级幼儿日常交往的现象。

（3）活动设计适宜亲子共同参与。

（4）活动结束后梳理反馈表并及时跟进。

（5）如家长或班级有延伸活动，及时进行家园共享。

（北京市洁如幼儿园　苏　杉）

（五）半日班亲子活动方案

▶▶▶ 前期准备

1. 发布半日班亲子活动公告。

有趣的亲子活动就要开始啦！

活动时间： 2018 年 11 月 28 日

孩子们来幼儿园已经有两个多月了，在老师和家长朋友们的合作陪伴下，每个宝贝都有不同的变化，小班的孩子们已经有初步分享的意识，这在孩子们在园的日常生活中也有所体现。为此，我们将开展"小老鼠分果果"一系列的主题活动。

最终想分享给哥哥姐姐们"小老鼠分果果"舞台剧。本次活动特邀请您和孩子们一起制作角色小道具。欢迎大家的到来！

活动地点： 小一班

活动邀请： 幼儿的妈妈或爸爸

邀请人数： 每名幼儿一位家长

▶▶▶ 亲子活动方案

第一次亲子活动名称：小老鼠分果果

（一）活动背景

孩子们来幼儿园已经有两个多月啦，在老师和家长朋友们的合作陪伴下，每个宝贝都有不同的变化，小班的孩子们已经能够有初步分享的意识，孩子们在园的日常生活中也有所体现。为了更好地促进幼儿的友好交往能力，因此我们从《森林里都有什么动物》为切入点，以《小老鼠分果果》的故事为载体，开展了一系列主题活动。

（二）活动准备

1. 物质准备：《小老鼠分果果》故事 PPT、故事中角色（旁白、小老鼠、大苹果、青蛙、乌龟、小鼹鼠、小鸟）的图片、海绵纸、彩色卡纸、彩色即时贴、彩色绳子、纸板、剪刀、双面胶、胶水、打孔器、彩笔等。

2. 经验准备：

（1）知道森林里有什么动物，知道故事中都有什么动物。

（2）了解故事的大概内容，并尝试理解，发现自己喜欢的情节与角色。

（3）确定幼儿演出的角色，发现不同角色的不同特征。

（4）有一定的剪画能力。

（三）活动目标

1. 通过故事分享，家长感受故事中同伴间相互帮助、共同分享美食的喜悦。

2. 通过简单的表演，促进幼儿理解帮助他人给自己带来的愉快体验。

3. 促进幼儿在活动中体验亲子制作的乐趣。

（四）活动过程

1. 播放 PPT《小老鼠分果果》，讲述并帮助幼儿回忆故事内容。

2. 出示故事中不同角色的图片，帮助幼儿回忆自己饰演的角色。

3. 介绍活动材料及活动工具。

4. 幼儿和家长进行亲子制作。

5. 家长和幼儿共同根据自身的角色，简单排练帮助小鼹鼠的片段。（无帮助片段的角色可以选择一个自己喜欢的角色进行排练）

6. 尝试表演。

7. 活动小结：请家长及幼儿说一说帮助别人后的心情。

▶▶▶ **温馨提示**

1. 设计亲子活动反馈表。

（1）您觉得孩子间的友好交往有哪些？

（2）您觉得本次活动可以促进孩子在生活中的哪些友好交往？

（3）结合本次活动，您有什么感受？

2. 组织亲子活动过程中应注意的问题。

（1）关注并了解家长的经验与观念，与家长形成教育共识。

（2）活动内容应结合班级幼儿日常交往的现象。

（3）活动设计适宜亲子共同参与。

（4）活动结束后梳理反馈表并及时跟进。

（5）如家长或班级有延伸活动，及时进行家园共享。

（洁如幼儿园　苏　杉）

第四章 CHAPTER 4
家园共育案例分享与剖析 ▶▶▶

一、生活自理能力家园共育案例

(一) 促进半日小班幼儿生活自理能力提升的实践探究

为了减轻幼儿入托难的问题，我园特推出半日班，到目前为止已有两年时间了。为了保证孩子在自理能力方面与整日班幼儿同步，避免因入园时间有限造成孩子自理能力差，自制力薄弱的现象，我们在家园共育、环境创设、环节过渡、学与教等方面挖掘教育资源，重点渗透自理能力的培养，更好地将半日班自理能力的培养目标落实到具体工作中。

自理能力，简单地说就是自我服务，自己照顾自己的能力，它是一个人应该具备的最基本的生活技能。幼儿生活自理能力的形成有助于培养幼儿的责任感、自信心以及自己处理问题的能力，对幼儿今后的生活也会产生深远影响。在我们的教育实践中也发现有一部分孩子依赖性强，生活自理能力差，以至于不能很好地适应幼儿园的环境。所以，培养幼儿的生活自理能力就显得至关重要。

1. 在半日生活中培养幼儿的自理能力。

(1) 在环境、游戏中培养幼儿的自理能力。

娃娃家：教师抓住生活中的点滴机会为幼儿提供自主游戏的平台，并进行有针对性的指导，培养孩子们的自理能力。如为幼儿创设游戏情景，给宝宝穿脱衣服、叠衣服、系扣子；在保证安全的前提下，借助真实的材料引导幼儿切菜，练习使用勺子喂宝宝吃饭；提供真实的洗澡盆，引导幼儿给宝宝洗澡。在幼儿游戏时，我们发现角色扮演是最好操作的自理能力培养方法，孩子们在照顾小宝宝的过程中，锻炼了耐心，进一步增强了自理能力。

益智区：教师为幼儿提供喂小动物的游戏环境，尊重个体差异，给每个幼儿搭建自主游戏的平台，如提供不同大小的豆子，引导幼儿用正确的方法使用小勺子喂动物吃饭，从而培养幼儿使用小勺的方法。

（2）在过渡环节培养幼儿的自理能力。半日班幼儿在园仅有 3.5 小时的时间，为了利用生活中的每一环节，教师在组织过渡环节时让幼儿在游戏中得到充分的锻炼，如幼儿喝完水准备户外活动时，教师会利用墙面操作材料引导幼儿自主游戏，如系扣子、拉拉链、穿绳等，这样既减少了幼儿等待的时间，又锻炼了幼儿的动手操作能力。由于我园半日班活动空间小，教师充分利用每一处空间，为孩子创设了简单的室内体育游戏，比如投掷、体前屈，这样能够帮助孩子在游戏中得到充分锻炼。在喝酸奶环节，教师组织幼儿不用吸管喝酸奶，而是用小勺，这样为孩子提供了用小勺的锻炼机会。孩子吃奶酪的时候，教师请能力较强的幼儿自己动手打开奶酪，针对能力较弱的幼儿，教师通过为幼儿做一半留一半的方式，引导幼儿自己动手操作，这样既锻炼了小肌肉动作，又帮助孩子养成了自己的事情自己做的好习惯。

（3）在学与教活动中培养幼儿的自理能力。在设计学与教的活动中，教师针对半日小班幼儿开展了新的课程，教师会根据幼儿发展情况，对每月的学与教活动有侧重点地开展活动，如十月份，教师主要在进餐环节设计活动，如"我会用小勺吃饭""我要大口吃饭""我是不挑食的好宝宝"等，十一月份侧重幼儿独立穿脱衣服能力的培养，教师设计了"我会系扣子""我会自己叠衣服"等，通过故事、儿歌、游戏等方式引导幼儿学会自己穿脱衣服、叠衣服等。

2. 在家园共育中培养幼儿的自理能力。

（1）每月家长沙龙。每月有重点地培养自理能力，如九月份初入园，孩子们由于对幼儿园存在陌生感及离开亲人的不适应，难免会出现自理能力差、自控能力薄弱的现象，我们通过家访、入园前初见面等形式，帮助幼儿认识老师，对老师产生依赖感；在幼儿逐步适应后，十月份请教师有重点地引导幼儿学会吃饭，帮助幼儿掌握进餐的方法等；十一月份根据气温的变化，将重点放在幼儿的穿脱衣服方面；十二月份的重点是照顾自己，如擦鼻涕、抹面霜、塞裤子。每月的月初和月末，教师将根据幼儿的发展情况，通过家长沙龙的形式让家长了解孩子在园的自理能力情况，让教师了解家长的困惑和顾虑，使家园共育更有针对性。

（2）双打卡制度。为了进一步了解幼儿在家的自理能力，教师通过家园双打卡、双反馈的形式，根据每月重点制作了家园双打卡记录表，在每周五发给家长重点培养记录表，家长根据幼儿的情况进行有针对性的记录并留言。同时，教师根据幼儿在园情况，每周进行记录并与家长沟通。家长每周末录制小视频，打卡记录幼儿的成长变化，教师在过渡环节、学与教活动中带领幼儿回顾，对进步大的幼儿给予充分的肯定，帮助幼儿建立自信心。

（北京市西城区名苑幼儿园 马晓曼）

（二）家园共育培养半日小班幼儿生活自理能力的实践探索

为缓解社会适龄幼儿"入园难""入园贵"问题，增加学位，让更多的幼儿有机会进入优质园，在西城区教委的支持与引导下，西城区幼儿园开始举办半日小班的实践探索。对半日班的幼儿和教师进行实践调查后发现，由于半日班幼儿在园时间短，很多幼儿园半日班幼儿没有参与在园进餐、午睡、穿脱衣服等环节，致使半日班与整日班幼儿在生活自理能力发展方面存在差异。因此，为了促进半日班幼儿在园半日获得与整日班幼儿同等质量的发展，必须要充分发挥家庭教育的作用，家园形成合力，共同促进半日班幼儿生活自理能力的发展。

1. 明确半日小班家园共育培养幼儿生活自理能力的内容。由于半日班幼儿在园接受教育时间缩短，在家接受教育的时间增长，因此，半日班教育过程中，家园共育变得更加重要。提高家园共育的水平，首先要明确家园共育的内容。

（1）家园共育保持一致的教育理念。家长认同幼儿园的教育理念是开展家园共育工作的前提和基础。因此，只有当家园教育保持一致的教育理念时，家园共育才能顺利有效地开展。幼儿园作为专业的教育单位，教师作为具有专业性的职业，要想方设法让家长从心底认可幼儿园的教育理念，对半日班教育而言则显得更加必要。如在一次半日班的半日开放活动中，很多半日班幼儿家长提出半日班幼儿在园只有半天时间，还花费大量的时间在进行区域游戏活动，认为游戏在家也可以玩，孩子没有进行"真正的"学习。家长的疑惑从侧面反映了家长"小学化"的教育理念。因此，针对这一现象，我园开展了体验式家长会，让家长分组去班级区域中进行游戏体验，然后分享在区域游戏活动中自己的感悟。家长体验和分享后发现，教师是有目的、有计划地投放区角中的游戏材料的，孩子在游戏过程中不仅有愉悦的情绪体验，而且获得了交往、思维、认知等多种能力的发展。通过此次体验式家长会，家长的教育理念产生了认知冲突，从而真正认同"幼儿园以游戏为基本活动"的教育理念。

（2）在家庭生活环节中练习与巩固生活自理能力。由于园所环境和硬件条件的限制，半日班幼儿无法在园进餐、午睡等，这些生活环节大多在家进行。但是由于家庭中教育者的包办替代，导致半日班幼儿生活自理能力发展缓慢。因此，生活自理能力的培养是半日班幼儿家园共育的重要内容，半日班幼儿在园生活环节的缺失需要在家庭生活中不断练习和巩固。半日小班幼儿生活自理能力主要包括幼儿进餐、午睡、如厕、洗手、披衣服、穿脱挂外套、抹面霜、戴手套等，具体的家园共育目标见下表。

表9 半日小班幼儿部分生活自理能力培养目标一览表

生活自理能力	培养目标
进餐	正确使用餐具；进餐嘴巴不出声；不挑食、不剩饭；保持桌面、地面整洁；饭后擦嘴、擦桌面、推椅子、送碗
午睡	会自己脱衣服、叠放衣服；睡觉时不与他人说话
如厕	能够排队小便，不拥挤；姿势正确，大小便入池；如厕挂帘子，走时冲水打开帘子
洗手	有秩序排队洗手；不玩水；洗手方法正确，会使用肥皂洗手；擦手
喝水	有秩序排队接水；自主拿水杯接一大杯；不玩水，不浪费水，喝多少接多少；坐在旁边的小椅子上或贴着饭桌喝

（3）在家庭中延伸幼儿园的作息安排，促进幼儿在家规律作息。半日班幼儿分为上午班幼儿和下午班幼儿，他们入园半日的时间会定期轮流和交换。在半日班教育实践中发现，如果幼儿参与上午半日班教育活动，下午回到家后会午睡一下午，反之亦是如此。幼儿在家庭中随意、混乱的作息安排会严重影响幼儿在园活动的效果和质量。因此，为了让幼儿更好地适应幼儿园的教育时间和活动安排，我们将幼儿园的作息时间表发给家长，让家长在

家庭中延伸幼儿园的作息安排。为调动家长与幼儿按照幼儿园生活作息安排在家半日活动的积极性，我们设计了家长幼儿双打卡、幼儿在家活动分享等形式激励其逐步养成规律的作息习惯。将幼儿园作息时间延伸到家庭教育中是半日班家园共育内容得以实现的基本保障。

2. 探索半日小班家园共育培养幼儿生活自理能力的策略与途径。

（1）家园沟通协商，共同制订幼儿生活自理能力培养计划。父母是孩子的第一任教师，家庭是孩子接受教育的第一个场所，幼儿教育应由家庭和幼儿园合作协商完成。因此，学期初，半日小班教师会在家长会中与家长沟通协商幼儿的培养计划，确定半日班幼儿生活自理能力培养的逐月重点与方法。如四月份重点是培养幼儿正确的洗手习惯，教师会明确具体的目标要求，如幼儿要学会六步洗手法、养成便后饭前洗手的习惯等，并为家长提供培养幼儿良好洗手习惯的具体方法指导，如提供六步洗手法的视频、洗手儿歌等。这不仅是幼儿园教育在家庭中的延伸，而且有助于帮助家长明确家庭教育的目标和任务，逐步提高家长的育儿水平。

（2）利用信息化手段畅通家园沟通渠道，加强教师对半日班家庭教育的指导。积极探索运用美篇、微信分享、视频打卡等信息化手段加强家园沟通是培养半日班幼儿生活自理能力的重要方式。第一，明确幼儿每月生活自理能力的培养重点后，教师围绕培养重点设计调查表，通过问卷星的形式发送问卷，了解班级幼儿该方面生活自理能力的现状与问题。如围绕幼儿进餐调查幼儿是否能独立进餐、是否会握勺、是否挑食等问题。第二，教师根据调查结果制订具体的目标。如在进餐方面，存在的最大问题是幼儿握勺姿势不正确以及喜欢挑食，那么教育目标应该定为帮助幼儿掌握正确的握勺姿势，培养不挑食的进餐习惯。第三，教师针对目标制作美篇、视频等，给家长在家庭中开展教育提供指导。如教师针对幼儿握勺问题，制作教幼儿握勺的儿歌小视频。第四，班级设定幼儿自主打卡的激励方式。如幼儿今天自己独立进餐，就可以给自己贴上一颗小笑脸贴画，每周来园分享在家自主进餐的情况。信息化手段极大提升了教师与家长沟通的效率和便捷性，对完善家园共育工作发挥着重要作用。

（3）在游戏区提供适宜的材料，培养幼儿的生活自理能力。半日班幼儿的生活自理能力，除了在幼儿园半日有限的生活环节中培养外，还可以充分发挥游戏的作用，通过教师提供适宜的游戏材料，让幼儿在有趣的游戏体验中逐步培养。如每个小班都会设置娃娃家，那么幼儿在娃娃家的角色扮演游戏中也会自然习得很多生活自理能力。幼儿在照顾娃娃的过程中要学会给娃娃穿脱衣服，握勺喂娃娃吃饭；在收拾娃娃家物品的过程中，可以学会叠衣服、分类摆放物品等。再如，在区角内可以为幼儿提供大小适宜的抹布、墩布等，当幼儿遇到洒水了或地上被弄脏了的情况，幼儿可以自主利用这些材料解决问题，从而培养幼儿的自我服务意识和动手能力。

（4）家园环境联动，有效培养幼儿的生活自理能力。幼儿园的环境是经过精心设计后，有目的、有计划地创设的，环境中物化着教育目标。如半日班设计的幼儿喝水小鱼墙饰，每当幼儿喝一杯水，幼儿就要给自己的小鱼增加一片鱼鳞。这不仅可以鼓励幼儿多喝水，而且教师通过让幼儿在不同阶段插鱼鳞、贴鱼鳞、抠鱼鳞等方法，逐步促进幼儿手部小肌肉动作的发展。因此，当幼儿身处幼儿园的环境中，教师时刻通过有准备的环境达成教育目标。那么，实现家园环境联动，也会在无形中促进幼儿生活自理能力的发展。所谓家园环境联动是指家庭围绕着幼儿园近期的教育目标，创设与目标达成相一致的家庭环境与氛围。如近期班级生活自理能力培养的重点是进餐，家长可以在家中设置适合幼儿进餐的环境，进餐时不看电视、不谈笑，规定幼儿在固定时间内完成进餐，鼓励幼儿完成进餐打卡表，家长与幼儿一起见证幼儿的变化发展。

3. 反思半日小班家园共育培养幼儿生活自理能力的效果。

（1）持续关注半日班家长教育理念与行为的变化。家长的教育理念受到他曾经所接受的教育和生活经历的深远影响，难以通过一两次的活动或谈话就彻底改变。因此，我们在尝试探究通过家园共育促进半日班幼儿生活自理能力的发展时，往往会发现家长的科学育儿理念不稳固，在家庭教育中包办替代的现象时而出现。面对上述情况，教师需要在与家长沟通和交谈时，多关注、了解家长的教育理念和行为变化，搭建平台，鼓励班级家长间互相分享好的育儿经验。

（2）培养幼儿将生活自理能力内化为良好的习惯。家园共育培养半日班幼儿的生活自理能力，教育的落脚点不是幼儿的能力培养，而是幼儿良好习惯的培养。因此，教师在教育的过程中，不仅应关注幼儿是否掌握了进餐、洗手、如厕等自理能力，更应该关注幼儿是否能在幼儿园和家庭生活中将能力内化为习惯，最终培养幼儿自我服务、做生活小主人的意识。

（3）教师坚持过程性总结与反思，确定下一步发展目标。在学期初的家长会中，教师与家长共同商定幼儿生活自理能力的培养计划，但这并不意味着教师在本学期要按部就班地根据计划实施教育。教师需要在每个月的月末做好总结，反思本月半日班幼儿生活自理能力发展目标的达成效果，反思家庭教育中半日班家长的配合程度等，从而确定下一步的发展目标。若班级大部分幼儿都未达成培养目标，教师应该重新深刻反思开展工作的思路与方法；若班级还有少部分幼儿未达成生活自理能力的培养目标，教师应与这部分家长共同查找原因，并寻找下一步的工作方法。教师过程性的总结与反思，有助于确保家园教育理念与目标始终保持一致，从而更好地实现半日班幼儿生活自理能力的发展。

（北京市西城区棉花胡同幼儿园　周玉平）

（三）"我不会！"现象及破解策略

如今的家庭结构大多是"四老、二青、一小"，孩子成为每个家庭的核心，是家长的"掌中宝""小皇帝""小太阳"，许多大人围着一个孩子转，许多爷爷奶奶为了疼爱孩子，认为喂孩子吃饭、帮孩子穿脱衣裤是义不容辞的事。家长对子女的过度爱护使之成了温室里的花朵，禁不起风吹雨打。在家长无微不至的"保护"下，孩子的自理能力越来越差，不会扫地，不会穿衣，不会系鞋带……

1. 案例再现。早上入园时间，小可在奶奶的带领下来到幼儿。每天小可奶奶都会对教师说"老师，小可今天早晨没有小便，一会您让他去小便啊""老师，今天得让小可多喝水""老师，这个是小可的外套，天气冷的时候您给他穿上，天气热您给他脱了""来，小可把外套脱了。得让奶奶帮你，你哪会做啊""老师，小可还不会穿袜子，今天中午您帮他穿一下"。小可家就住在幼儿园旁边，小可奶奶没事时还会在幼儿园的围墙外"观看"孩子的户外活动，边看边喊"宝贝，你热不热啊，可以把外套脱了""宝贝，快去喝点水吧，玩这么半天了"……教师屡次制止，也无济于事。

现在小可在幼儿园小便时还不会脱裤子；吃饭时不会拿勺子，不会咀嚼食物；睡醒就坐在床上。教师指导他自己的事情自己做，他就扯着嗓门大叫"我不会！"因为缺少锻炼，小可的动作发展也很不协调。此外，他的社会性发展也明显滞后，缺乏沟通能力与合作意识。一旦被教师批评，第二天他就不愿向教师问好了。入园已经一个多月了，他始终坐在自己的座位上不肯参加任何活动。

2. 案例分析。家长们对孩子的关爱是毋庸置疑的，但有些家长对孩子的关爱过度，能帮孩子做的绝不让孩子自己动手，把孩子照顾得无微不至。出于溺爱的心理，在他们的眼中，自己的孩子永远是最棒的，错的也是对的。而且，这种现象大多出现在祖辈带孩子的家庭中。大部分祖辈家长与社会的联系减少，知识面相对狭窄，不容易接受新鲜事物，沿用老观念来教养孩子。他们认为孩子还小，叠被子、擦屁股这些事情还是应该由成人来做。另外，他们把幼儿园教师定位为"阿姨"，觉得幼儿园教师就是管孩子的吃喝拉撒睡的。

分析案例，我们认为有以下几点原因导致此类现象的发生：

（1）有的家长认为孩子还小，能力差，这些事等孩子长大自然就会了，现在根本不需要考虑这些事情，现在最要紧的是发展孩子的智力和对孩子进行各种特长的教育、训练。在家庭中，溺爱孩子的家长包办代替了一切，自觉或不自觉地剥夺了幼儿动手的机会，限制了幼儿自我服务能力的发展，养成了幼儿过分依赖的性格。特别是小班幼儿由于年龄小，日常生活中的一些力所能及的事（如穿衣、洗脸等）都被家长们包办了，使一些本应该得到锻炼的劳动技能都在无形中被剥夺了，从而失去了发展的机会，这样往往造成幼儿自理能力差、不爱劳动、懒惰等不良后果，养成了依赖性强、独立性差、能力弱等弊病，这对他们将来的发展极其不利。

（2）教师对祖辈家长的心理了解得不够。祖辈家长有其特殊的生活经历，因而他们对孩子的关注点和教师有所不同。祖辈家长更多地关注孩子的身体状况、饮食、睡眠等生活细节，而教师则关注孩子在集体中的行为表现。如果教师在与祖辈家长沟通中缺少换位思考的话，往往会造成彼此的误解、对立等局面产生。

（3）祖辈家长缺乏指导幼儿提高自我服务能力的小策略，不知道如何指导。有的家长尝试指导幼儿，但是由于缺乏指导方法，自己特别着急，可是小朋友们还是学不会，因此家长便觉得小朋友不会做这些事情，需要家长的帮助。

（4）教师不愿与观念不同的家长交流。许多教师与一些家长交流时带有一定的偏见，认为这些家长溺爱孩子，认为自家孩子全是优点，无法接受教师的客观评价，对如何教育孩子存在观念不同的现象，无法说服家长，因此不愿过多地与家长交流。

3. 破解策略。 针对以上分析，我们日常与家长沟通时可以做以下几点。

（1）多渠道宣传现代教育理念。教师可以通过家长园地、家园小报、幼儿健康成长讲座、图书杂志等科学的育儿方法，让家长了解培养幼儿自理能力的好处。教师还可以定期举办家长开放日活动，通过孩子间的对比，让家长们真实地感受到自家孩子在集体活动中，由于自理能力的不足所带来的差异。然后适时地提出家园配合的要求。针对同龄人有共同语言的特点，教师可以加强家长间的横向联系，在班级中开设"谈心室"，提供机会让家长相互介绍自己教育的好办法，并请一些家长来组织家长沙龙活动，相互启发，想办法，从而解决问题。调动家长配合幼儿园教育的积极性，形成良好风气。

（2）理解祖辈家长，学会委婉表达。在日常生活中我们发现，祖辈家长尤其会发生包办现象。面对这样的情况，教师首先要充分地理解祖辈家长的心理。由于老人的特点和对孩子的偏爱，他们往往会滔滔不绝地谈论孩子，这时候教师要热情地接待老人，做一个耐心的听众。教师要在认真倾听中掌握孩子的特点，同时根据老人的描述，对其正确的做法予以表扬，并委婉地指出其欠妥的做法。祖辈家长都喜欢被尊重，因此在日常交流的过程中，教师要有意识地注意自己的表达方式，委婉地阐述幼儿的情况，不要过于直白、频繁地向祖辈家长"告状"。教师要充分地理解老人的心情，在交流中多提孩子的优点，多夸奖孩子。这样，当教师需要向祖辈家长反映孩子缺点的时候才不会显得那么突然，才能让祖辈家长以平常的心态接受和面对问题。

（3）寓教于乐，统一学习方法。将幼儿自我服务的小方法发送到家长群中。根据幼儿的年龄特点，我们可以把一些生活自理技巧编成儿歌、歌曲以及设计成饶有趣味的情节等，让幼儿在游戏、娱乐中学习本领。教师可以将幼儿学习的视频发给家长，引导家长在家中指导幼儿学习。

（4）变被动为主动，及时反馈幼儿的表现。对于上述案例中家长的情况，教师首先要不怕麻烦，要变被动的"被问"为主动的"反馈"。教师可以利用每天的离园时间，把孩子在园的饮食起居等情况向他们做细致的汇报。比如，孩子在园是否大便，有没有不舒服，吃饭情况如何，喝了几次水等。这样，家长就会觉得教师对孩子非常关注，教师的工作做得很细致，甚至超过了他们的想象。长此以往，他们的唠叨就会逐渐减少了。

（北京市西城区棉花胡同幼儿园　宋有月）

（四）家园共育促进半日班幼儿生活自理能力的发展

半日班是伴随着中国社会经济高速发展以及全面二孩政策实施后，出现的一种全新的办学形式。近些年，为缓解适龄幼儿"入园难"问题，幼儿园不断推出半日班，有些家长感到高兴，"我们的孩子有学上了"；有些家长开始担忧，"半日班能学到什么？孩子能否得到和整日班孩子一样的发展？"

在不断提倡素质教育的今天，提高幼儿生活自理能力显得非常重要。《3～6岁儿童学习与发展指南》指出：在尊重和满足幼儿不断增长的独立要求时，避免过度保护和包办代替，鼓励幼儿自己的事情自己做，这样才会越来越能干，越来越自信。

考虑到3岁多的幼儿面临教养环境的重大改变，从熟悉的家庭环境到陌生的幼儿园环境，个人养护转换为集体生活，同时还要在幼儿园短暂的半天时间完成整日班全天的活动内容，他们面临年龄、心理发展水平以及生活经验所产生的一系列矛盾和冲突。为此，我们用一个学期的时间不断研究、调整，找寻适合半日班幼儿自理能力发展的多种途径和策略。

1. 创设环境增强自我服务意识。

（1）生活环境的创设。为提升小班幼儿的生活自理能力，根据小班幼儿的年龄特点，我们创设了很多生活环境，从而激发小班幼儿的参与性，增强幼儿自我服务的意识。

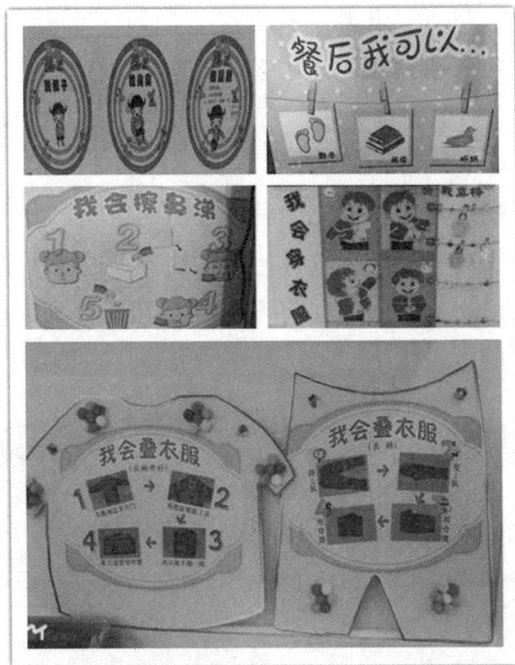

（2）区域游戏的创设。小班幼儿喜欢去娃娃家，喜欢玩角色扮演的游戏，于是我们重点打造了娃娃家，尽可能为幼儿投放生活中的真实材料，如灶台、澡盆、脸盆、浴球、鞋架等。鼓励幼儿用安全刀去切菜，模仿大人做饭，孩子们热情高涨。我们还在浴盆里放了水，引导幼儿给娃娃洗澡、穿衣、抹面霜。孩子们在游戏中锻炼自理能力，玩得不亦乐乎。

（3）集体教育中创编儿歌。小班幼儿的小肌肉群发展得还不是很完善，缺乏顺序性和细致性，不会有意识地识记事物，对于这样的情况，教师可以针对每个生活常规创编一些朗朗上口的

小儿歌来辅助教学。例如，儿歌《我会穿衣服》，"拉拉小领子，伸伸小胳膊，那边也穿好，对齐小拉锁，用力拉一拉，衣服穿好了。"又如《独立吃饭用勺子》儿歌，"小小手真灵巧，三个指头捏小勺，慢慢送，轻轻舀，我的本领真不小。"

（4）过渡环节的练习。我们充分利用过道的空间，为幼儿制作了很多练习扣扣子、拉拉锁、夹夹子的玩教具，鼓励幼儿在过渡环节挑选自己喜欢的游戏活动，不断练习，再帮助幼儿将习得的技巧迁移到自己的实际生活中，从而增强自我服务的意识。

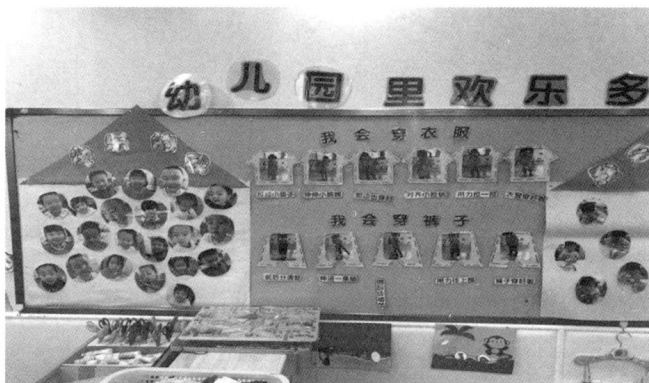

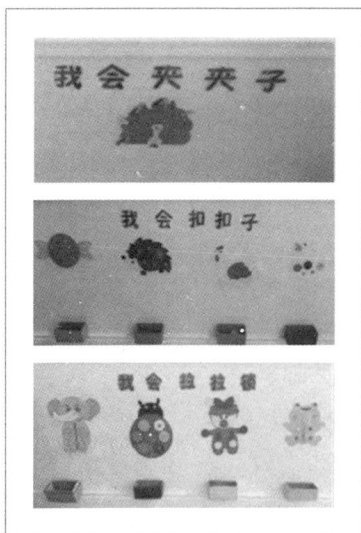

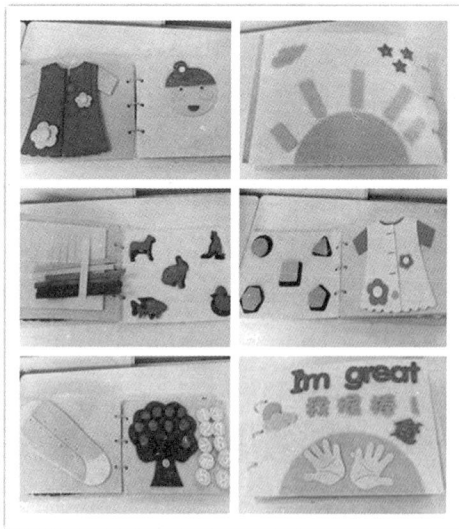

2. 信息技术支持自理能力培养。经常听到老师说不愿意带半日班，原因是半日班的孩子什么也不会，升入中班后，教师还要重新培养。为了让半日班不落后于整日班，我们从环境、教育活动、过渡环节等充分调动幼儿的积极性，将幼儿半天时间的发展最大化。而另外半天时间，我们通过现代化信息技术支持幼儿在家完成。

（1）观看"小影"视频，激发幼儿尝试自理的主动性。我们将幼儿要习得的自理能力用小视频的方式录制下来，发到家长群，鼓励幼儿在家练习。"小影"视频是一款特别好用的 App，里面不仅有好听的歌曲、背景，还有特效和贴纸，当幼儿做得好时，画面中还会出现奖励性的贴纸图案，画面生动有趣，幼儿很乐意观看。

（2）"电子白板"游戏，检验幼儿的自理能力。我们为幼儿自理能力的发展制作了专门的电子白板游戏，通过游戏，检验幼儿的自理能力，例如如何正确用勺子，吃饭菜时的顺序，喝水的好处，我长大了可以做的事情等。幼儿不仅觉得课件有趣、好玩，而且掌握了更多的生活本领和技巧。

（3）"小打卡"小程序，鼓励幼儿把生活自理能力的提升当作有趣的游戏。为了得到幼儿在家自理能力的情况，我们利用了微信中的"小打卡"小程序。教师将每周需要完成的自理方面的学习内容制作成打卡小程序，发送到班级群里，幼儿需要在家长的帮助下通过录音、视频等方式上传打卡，从而鼓励幼儿把学习当作一种与老师互动的有趣游戏，从而提升自理能力。

（4）通过小视频反馈学习内容。学习的东西只有通过实际操作才能检验出学习效果。我们请家长将幼儿穿脱衣服、自己吃饭、拉拉锁等生活自理方面的内容拍成小视频，私信发给老师，老师会挑选出某一方面完成较好的幼儿视频播放给其他幼儿观看。在观看过程中，表现较好的幼儿收获成就感，从而激发其他幼儿愿意参与其中，使教师被动地教授变成主动地习得。

（5）咕咚软件，让跑步留下轨迹。冬天即将到来，对于 3 岁多的小班幼儿来说，冬季晨跑是比较枯燥且磨炼心志的，并且半日班幼儿的体能锻炼应格外受到关注。为此，我们运用"咕咚跑步"软件，在听到"开始跑步"时便拿着手机和孩子们一起跑，当手机发出语音"你已经跑步 1 分钟，加油哦"时，孩子们受到鼓舞，跑得更起劲儿，当发出"结束跑步"时，我们跑步的轨迹就会一点点地画出来，孩子们觉得很好玩，便更愿意跑步锻炼了。我们也把这个软件介绍给了家长。

3. 家园互动，检验幼儿自理能力。父母是孩子的第一任老师，幼儿生活自理能力的培养需要父母加以重视。为了使半日班与整日班有一样的发展水平，充分调动家长积极配合显得尤为关键。

（1）每月家长会。每月的最后一天召开每月家长会，为家长介绍幼儿一个月以来的表现和进步的地方，布置并安排下个月的重点工作，请家长在家里配合完成。如九月份的重点工作为幼儿如厕（脱裤子、提裤子）；十月份的重点工作为幼儿独立进餐（能够正确使用小勺）；十一月份的重点工作为幼儿动手能力的培养（拉拉锁、夹夹子、扣扣子）；十二月份的重点工作为穿脱衣服。

（2）每周打卡。每周使用小程序或者微信小视频功能请家长进行打卡，把孩子吃饭的情况拍下来，反馈给班上的老师，从而激励家长和幼儿一起配合练习。

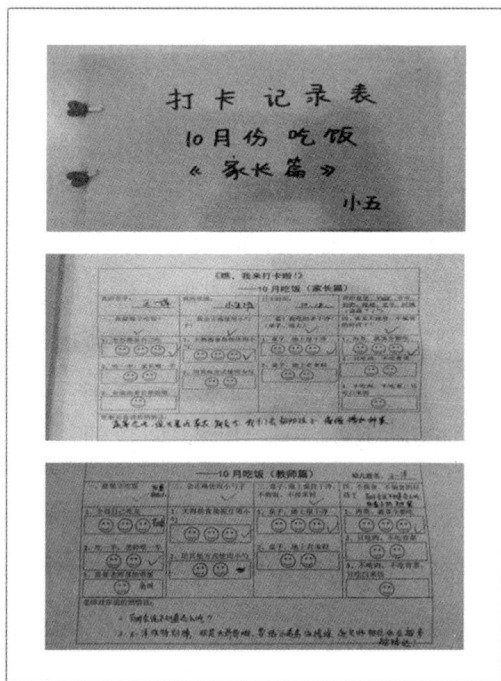

（3）每周双反馈——打卡记录表。为加强家园双向沟通，为家长制订每周双反馈——打卡记录表。记录表分为家长篇和教师篇。家长反馈幼儿在家用餐情况；老师反馈幼儿在园用餐情况。如十月份的独立进餐能力培养，我们将表格内容分为四项：能独立吃饭、会正确使用小勺子、桌面地面干净程度、不挑食不偏食方面。就这四方面内容，家园进行双反馈。

（4）家园一对一。对于个别自理能力较弱的幼儿进行家园一对一的沟通，将幼儿有待提高的方面拍摄成小视频，给家长观看幼儿在园的表现。从鼓励和理解的角度与家长沟通，请家长配合班级工作，帮助幼儿更好地适应幼儿园生活。

总的来说，幼儿是社会发展的主体，是自我发展的主人，生活自理能力是幼儿身心发展的需要。幼儿生活自理能力的培养不可能一蹴而就，在这个过程中，只要孩子自己能做，就要给他锻炼的机会，同时对孩子多鼓励少批评。家园共同施以言传身教，辅以耐心细致，看到孩子一点一滴的进步，便要及时鼓励。相信半日班的孩子在老师和家长共同的关注和关爱下，也能得到同样的发展，获得幸福童年时光。

（北京市西城区名苑幼儿园　张依琨）

（五）家园共育培养半日小班幼儿午睡习惯的活动策略

由于半日班幼儿只有半天的时间在园，因此无论上午班还是下午班，幼儿都没有在园午睡的机会。但是半日小班幼儿升入整日班以后都需要在园午睡，很多幼儿都会不适应。因此，家园合力培养幼儿午睡习惯对今后适应幼儿园整日生活，促进幼儿身体发育都有重要的意义。

1. 案例再现。本学年我园小班为半日制，共6个班级，其中幼儿人数144名，教师人数12名。通过各班幼儿出勤率的对比分析，教师发现班级的上下午出勤率人数相差较大，下午班普遍出勤率较低（详见下图）。教师通过追踪缺勤幼儿后发现，除病假缺勤外，另一缺勤原因大多为午睡睡不醒，导致下午无法来园。而部分来园幼儿也出现来园迟到，来园后因未睡醒情绪不稳定（哭闹现象），在活动中不能集中注意力，在区域活动中抱着玩具睡着，晚饭过程中打瞌睡等现象。半日班幼儿未养成午睡习惯对下午班幼儿在园活动产生了一定的负面影响。

为了了解幼儿的具体情况，我们向家长发放《半日班幼儿午睡情况调查表》，发现上下午两个半日班共 48 名幼儿，绝大多数幼儿作息时间不规律，2/3 的幼儿有午睡习惯，但是时间过晚，下午班无法正常按时到园，个别幼儿无午睡习惯。

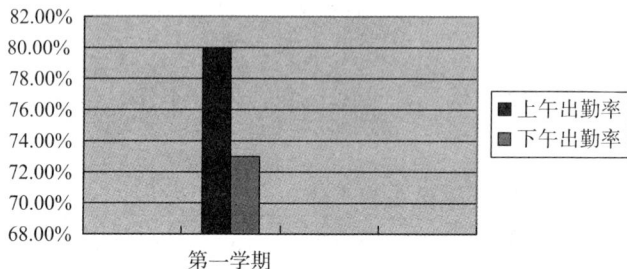

第一学期

2. 破解策略。

（1）建立家园双打卡制度，促进幼儿养成午睡习惯。为了让幼儿逐步养成良好的午睡习惯，保持良好的在园状态，我们建立家园双打卡制度。一方面，我们将幼儿园的作息制度分享给家长，鼓励家长尽可能按照幼儿园的作息制度安排孩子在家的半日活动。对于在家按时午睡的幼儿，家长可以在班级群中打卡。另一方面，教师在组织半日活动中注意记录孩子的情况，晚上在班级群中分享给家长，让家长发现只有孩子中午能按时午睡，下午才能更好地参与活动。通过家园之间相互配合，激励幼儿养成良好的午睡习惯。

（2）个别沟通，提升家长对培养幼儿午睡习惯的重视。今年的班级中有一位叫——的小朋友，我们发现，她在下午班来园后，经常会出现精神萎靡的现象，有时候会在区域活动中出现瞌睡现象，也不能精神饱满地参加各项活动。而幼儿在上午班来园时，则没有出现过此类情况。针对——小朋友出现的情况，我们与家长沟通得知，——在家中并无午睡习惯，如幼儿上午来园，家长会尽量安排——晚上提前入睡，保证——来园。但在下午班时，家长不太关注——的入睡情况，会出现晚睡的现象，起床时间也相对较晚。我们也向家长反馈了——下午在园的实际情况，并让家长了解幼儿不午睡造成的影响：不利于幼儿提高免疫力，减弱幼儿的消化能力，影响幼儿的身体发育等。一一的家长了解幼儿下午在园的实际情况后，表示一定会加强对于幼儿午睡方面的重视，尽力帮助幼儿养成良好的作息习惯，调整起床和睡觉的时间，养成良好的午睡习惯。

（3）有效运用家长园地，科普午睡好处。通过多种形式与途径向家长宣传午睡小常识是培养幼儿午睡习惯的有效措施。很多家长存在一个误区，即成年人不需要午睡，孩子也不需要午睡。但是他们不知道午睡习惯对幼儿身体发育和参与幼儿园活动的影响，因此，我们通过家长园地、微信美篇等宣传途径向家长科普午睡的重要性，逐步纠正家长对于幼儿午睡的错误认识，从而改变行为。

（4）借助班级活动帮助幼儿感受在园午睡的过程。通过区域活动、幼儿故事、儿歌、视频等途径帮助幼儿了解午睡对小朋友的重要性，养成每天按时午睡的习惯。如为了让幼儿认识、了解午睡的重要性，教师在娃娃家创设午睡环境，添设有关午睡的材料，让幼儿在照顾娃娃午睡的游戏过程中，充分了解午睡的重要性。也可以在娃娃家中设置小闹钟，让孩子知道12:00～14:00为午睡时间；在午睡前要帮助小宝宝脱下鞋子并摆放整齐；帮助小宝宝脱下衣物并叠放好；照顾小宝宝入睡，帮助小宝宝盖好被子，让娃娃用正确的姿势睡午觉。

此外，还可以邀请半日小班幼儿观看大班幼儿按时午睡、按时起床的视频，在观看视频的过程中，让幼儿了解在园午睡的具体流程，加深理解午睡的重要性。

3. 实施效果。

（1）家长方面。通过教师分享的有关午睡的内容，家长更加了解幼儿午睡的好处以及幼儿午睡的注意事项。通过双打卡以及班级教师反馈幼儿的在园状态，家长积极帮助幼儿制定合理的午睡作息时间表，逐步调整幼儿的作息规律，与教师共同合作，帮助幼儿养成良好的午睡习惯和生物钟。

（2）幼儿方面。通过娃娃家照顾小娃娃午睡的区域活动，让幼儿对午睡有所了解，知道每天都要按时午睡；通过儿歌和视频让幼儿了解午睡的重要性，也知道午睡的注意事项。而双打卡的活动则激励幼儿将午睡落实到生活中，自觉午睡，逐步调整作息规律，养成良好的午睡习惯和生物钟。随着良好习惯的养成，幼儿能够按时来园，来园情绪也有明显好转，打瞌睡、精神萎靡的现象有明显改善，能注意力集中地参与幼儿园的各项活动。

通过班级幼儿午睡打卡的活动，下午班幼儿的出勤率明显提高（见下图），能够更好地完成半日班的活动。活动充分激发了幼儿的兴趣，幼儿都能积极地完成午睡任务，逐渐自觉按时午睡，并根据自己完成的任务兑换小贴纸以及奖品。

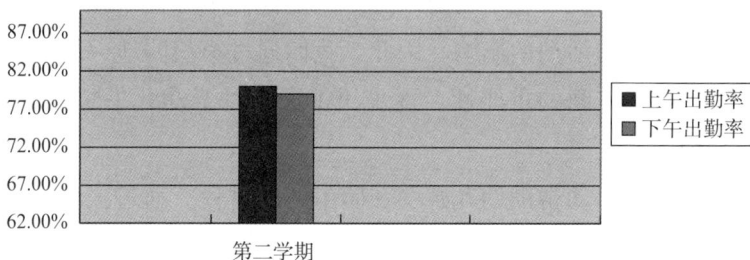

第二学期

（北京市西城区虎坊路幼儿园　肖文卿　周缕萌）

（六）家园合力，助力半日班幼儿克服挑食难题

幼儿的健康成长离不开健康的饮食营养。现在人们生活水平提高了，孩子们吃得也愈来愈好，可是"吃"却成了问题。由于家庭的饮食习惯不同，幼儿的喜好也各有不同，有的幼儿不喜欢吃肉，有的不喜欢吃菜，有的幼儿甚至什么都不喜欢吃。家长们"没关系"的态度导致幼儿养成了吃饭挑食的不良习惯，进而影响到幼儿的健康成长。半日班幼儿进餐习惯的培养更加迫切，因为半日班幼儿只在园吃两餐，回到家中还需要再进餐。因而，从儿童健康成长和习惯培养的角度出发，通过家园共育改善半日班幼儿的挑食行为具有重要意义。

1. 案例再现。

案例一：

林林是一个挑食的小朋友，不喜欢吃的东西很多。早餐中的牛奶一口不喝，老师如何引导都无济于事。木耳也是他不喜欢的食物之一，每次都能够看到满地都是他精心挑出来的木耳。见此情形，教师和家长沟通，建议林林先一点点尝试着吃，或者家中可以将木耳剁碎放在馅料里食用。但是妈妈却说："老师，林林不喜欢吃木耳，从小就不爱吃这种黑色的东西，您看他要是不喜欢吃的话就别给他盛了，我们可以回家再吃一顿。"通过沟通我们得知，原来妈妈的态度也促成了孩子挑食的现状。

案例二：

每当午餐吃海参，蔓蔓就会眉头紧锁。情绪不好的时候，非但不吃海参，就连爱吃的菜也一口不吃。在老师耐心地鼓励下才能勉强吃完。经过和蔓蔓爸爸的交谈，爸爸也对蔓蔓在园的进餐表现有所了解，但也无可奈何。

通过以上案例，我们可以看出孩子在进餐的时候出现了"关于食材选择上非常任性，家长也无所谓"的问题，除此之外还出现了"孩子虽然不爱吃，但是家长想帮助幼儿改变，但缺乏好方法"的现象。我们还收集了家长的一些心声：

家长1：老师您好，凝凝今天情绪不好不爱来幼儿园了，因为这几天吃煮鸡蛋。我们家凝凝吃不了鸡蛋黄，一吃就噎得慌，只给她吃鸡蛋清就行。

家长2：没关系的老师，东东要是不喜欢吃，您就别给他吃了。

家长3：老师，我们在家就没给孩子吃过香菇，他从小就不喜欢这个味道，孩子不吃没事，我们回家再给孩子做饭。

家长4：老师，红红不喜欢吃芹菜，今天我们的晚餐您就别给孩子吃了。（出门给孩子买蛋糕）

家长5：老师，您看天天不喜欢喝汤，这个问题怎么办呢？

家长6：老师，小九就不爱吃虾皮，我们已经在努力给他讲解营养价值，您看看我们还能做些什么？

每天我们都面对各种各样的家长，他们的心声也都不同。深思家长们的想法，我们很清晰地看出他们的观念不同，认识角度不同，需求也不同。有些家长任由孩子的想法左右，有些家长针对孩子的挑食问题急得焦头烂额，想帮助孩子改善不良的饮食习惯。针对不同的家长，我们应该采取怎样的家园共育方式呢？

我们结合孩子的饮食习惯做了相应的调查问卷，通过了解和调查得知，许多幼儿对于一些食物的排斥和他们生活的家庭有着某种特定的联系。例如，幼儿往往直接或间接地受到成人平时的言谈举止或者餐饮习惯的影响。从家长心声中我们可以明显的发现，家长的"无所谓""没关系"的态度直接影响着孩子对食物的选择。因此，教师应采取有效的家园沟通方式，帮助家长意识到挑食的危害，学会帮助幼儿改善挑食习惯的方法，从而帮助幼儿养成良好的进餐习惯。

2. 家园沟通策略。

（1）家园面对面——了解幼儿饮食习惯。当遇到幼儿挑食的问题时，老师们不要逃避。幼儿挑食有种种原因，要想从根本上改变幼儿的挑食问题，需要调查幼儿挑食背后的原因，只有"对症下药"，才能有的放矢地解决问题。因此，教师可以通过"面对面沟通""调查问卷"等方式去了解导致孩子挑食的真正原因。

在上述案例中，我们发现不仅有幼儿自身的问题，还有部分家长的问题，结合不同的情况查找原因进行分析，这样才能做到个性化的家园沟通，才能为今后的工作打好基础。

（2）教育前线——专业理论助家长转变观念。如今的父母总是怕照顾不好自己的儿女，总是认为应该"鸡鸭鱼肉任他挑，想吃什么就吃什么"，造成孩子偏食、挑食、营养不均衡，并且不知道这是错误的思想观念。这时教师应该从"培养良好的饮食习惯"上给予家长正确的认识，让家长了解挑食会给幼儿带来的不良影响，帮助幼儿改变挑食习惯对幼儿的帮助。

方法1：家长沙龙。组织有共性问题的家长们召开家长沙龙，推送一些关于"幼儿习惯养成"的文章，结合案例让家长们充分认识与交流，从而有的放矢地指导家长培养幼儿良好的饮食习惯。教师将培养幼儿饮食习惯的目标、内容告知家长，让他们知道教师在做什么、怎么做，家长在家应如何配合教师开展这些工作。有了家长的理解和支持，家长自然就能针对自己孩子的实际情况配合教育，达到家园共育，从而更好地培养幼儿的饮食习惯。

方法2：饮食宣传。可以结合一些菜品，请身边专业的医生进行营养宣传。通过宣传，父母不仅可以了解健康饮食、营养均衡的重要性，而且可以均衡搭配营养膳食，做到不挑食，并注重培养幼儿良好的饮食习惯。大鱼大肉的饮食观念以及不考虑后果的溺爱对孩子是弊大于利的，可以通过视频等资料让家长看到过度食用肉类会造成幼儿的肥胖。

通过线上线下为家长和幼儿讲解各种食物的营养价值及对人体的好处，让幼儿对食物的作用产生认知，从而增强对食物的兴趣，渐渐养成良好的饮食习惯。家园教育中的一致性、连续性是培养幼儿良好习惯的重要组成部分。

（3）家园切磋——营养配餐交流站。幼儿园的食谱都是经过专业的营养比例而配餐的。因此，为了保证半日班幼儿的营养均衡，帮助半日班幼儿养成良好的进餐习惯，老师们可以建议家长结合幼儿园的食谱在家为半日班幼儿制作美食，保证在家餐饮的营养均衡。

针对孩子们不喜欢吃的食物，可以请食堂的师傅们给家长朋友讲一讲如何将孩子们不爱吃的食物制作精细，让孩子们喜欢吃。

家长们的共同切磋也很有必要。我们可以结合家长沙龙抛出话题，让家长们在沙龙里尽情地切磋厨艺，探讨将孩子不爱吃的食物制作成美食的方法。

（4）家园共课程——开展家园小课堂。家长的参与在园本课程建设中发挥着重要的作用。因此，要充分利用家长资源，以丰富、多元的活动形式让家长参与到园本课程的实施和延伸中。家庭和幼儿园教育优势互补，形成教育合力，共同促进幼儿全面发展。

针对孩子们不喜欢吃的食物，班级也可以开展丰富的活动，以此调动幼儿对食物的兴趣。幼儿在家的半天时间，家长便成为孩子的老师。老师可将幼儿园的课程实施延伸到家庭中，让活动更加鲜活。

例如，香菜是个别孩子不喜欢吃的食物，老师便开展了"好吃的食物"主题活动，通过进餐环节了解香菜的用途，还通过"猜一猜"活动引发幼儿对香菜生长环境的猜想。随后，拿来许多香菜和香菜根，组织幼儿闻一闻、看一看、摸一摸，通过各种感官去了解香菜，最后，还和孩子们开展了"香菜种植"的活动。孩子们把自己种植的香菜带回家，每天和爸爸妈妈照顾香菜，待香菜长出叶子后，亲自为自己的汤放上了香菜，喝得可香了。

任何一种习惯都不是一时养成的，也不是马上就能改掉的。老师和家长要给予孩子成长的空间，家园同步，共同努力，让孩子慢慢养成不挑食的好习惯，引领孩子快乐、健康地成长。

（北京市西城区棉花胡同幼儿园　李　洋）

二、运动能力家园共育案例

（一）家园携手培养半日班幼儿的运动能力

学前期是人的基础运动能力形成和发展的关键时期，体育游戏活动与幼儿运动能力的发展之间存在着相互作用、相互促进的关系。体育游戏是保障幼儿身体健康发展的重要因素，在户外进行游戏活动可以经常接触空气的温度、湿度，气流的刺激和阳光的照射，呼吸新鲜空气，增强对外界环境的适应能力，加强机体新陈代谢，促进生长发育。

体育游戏具有促进幼儿身体运动能力，包括大肌肉、小肌肉以及全身运动协调发展的潜能，不仅可以促进幼儿骨骼肌肉的成熟，也有利于内脏器官和神经系统的发育。

健康是幼儿进行一切活动的前提。现代孩子大多居住在高楼里，生活范围狭小，户外体育活动受到限制，导致孩子体弱，环境适应能力差，运动能力不足，自我保护能力差等。因此，有必要开展一些适合小班幼儿进行的运动游戏，进一步激发小班幼儿参与游戏的兴趣，吸引幼儿积极参加户外体育运动，达到增强体质、发展体能的目的，同时激发幼儿交往合作的意识，培养幼儿坚强勇敢、不怕困难的意志品质。

人类基础运动能力的发展经历着起始、初级、成熟等三个不同的发展阶段。三至四岁处于初级阶段，初级阶段是起始阶段和成熟阶段的过渡阶段，这一阶段的运动发展水平奠定了成年以后运动发展水平的基础。

小班幼儿正处于运动能力发展的初级阶段，他们身体迅速发展，身体和手的动作已经比较自如。由于骨骼肌肉的发展及大脑协调控制能力的增强，小班幼儿的动作发展尤为迅速。在小班这一年，孩子动作的进步非常快，运动能力也会飞速发展。因此，在这一阶段创造条件和机会促进幼儿运动能力的发展显得十分重要。

因半日小班幼儿在园时间为半天，那么1小时的户外活动时间就需要带班教师更加精心地设计和组织，以期在促进本班幼儿运动能力方面发挥更大的作用和取得更优的效果。同时还要采取一些必要的措施和方法，指导、督促家长在家带领幼儿积极地开展相应的体育锻炼和运动游戏，取得家园教育的同步。

1. 激发兴趣，创造条件，有效促进幼儿多方面运动能力的发展。兴趣是幼儿最好的老师，也是幼儿主动参与活动的内在动力，《纲要》中指出："培养幼儿对体育活动的兴趣是幼儿园体育的重要目标，要根据幼儿的特点组织生动有趣、形式多样的体育活动，吸引幼儿主动参与。"有了这种动力，幼儿才愿意参加体育活动，喜欢各种运动。教师要通过为幼儿开展各种有趣的游戏活动，提供丰富多样的玩具材料，激发幼儿积极参加体育活动的愿望，在活动过程中锻炼身体，增强体质，发展运动能力，愉悦身心。

教师在组织小班幼儿参加体育运动时，要注意游戏性、趣味性和科学性，根据小班幼儿的年龄特点，以及动作、生理、心理发展的特点，激发幼儿运动的积极性，将运动内容游戏化，增加情节、角色，使之更有趣味性。

2. 有效沟通，正确指导，家园同步。半日小班的幼儿每天在园时间为3～4小时，其他时间在家，多数为祖父、祖母看护，因体力精力等因素的影响，他们往往忽视对幼儿运动能力的锻炼和培养。

小班是幼儿运动能力发展的奠基之年，因此这一年中的体育运动就显得尤为重要。半日小班的老师有责任也有义务指导家长在家陪伴幼儿进行体育运动。

在开学初的家长会中，教师可以将幼儿体能测试项目介绍给家长，设计体验环节，使家长通过亲身体验，熟悉和了解幼儿园体能测试各项内容的测试标准及动作要求。还可以介绍一些在家里就可以开展的简单有趣的小游戏，可以以周或月为单位设计幼儿运动记录单，鼓励幼儿每日坚持运动并记录。还可以就幼儿在家的运动情况在集体中交流、展示，对坚持好的幼儿予以一些小的鼓励和表扬，并在某一阶段开展微信群中的家长沙龙活动，为家长和幼儿创设相互交流、学习和促进的平台。

3. 半日班户外活动组织的特殊性。《纲要》指出，户外活动时间每天不少于2小时，其中体育或体能活动时间不少于1小时。半日班幼儿每日在园时间是3～4小时，其中包含一小时左右的体育或体能活动时间。另外一小时的户外活动就只能在家中由家长带领孩子完成。

由于幼儿在家的看护者多为祖辈，又受场地、看护人员对体能发展认识等方面的影响，在家半日的户外运动往往不能很好地实现，因此，教师要抓住幼儿在园内的户外一小时积极有效、有计划有目的地组织幼儿开展各种运动活动，力求发挥在园户外时间的最大作用，促进本班幼儿体能及运动能力的发展。

（北京市西城区棉花胡同幼儿园　王红梅）

（二）家园共育培养半日班幼儿运动能力的策略

1. 半日班幼儿身体发育的基本情况。半日小班幼儿的身体运动能力差异很大，有的发展不错，能够比较自如地走、跑、跳、钻、爬，但有相当一部分幼儿的身体运动能力很差。为什么会有这么大的差异呢？通过多方面调查，我们发现这与幼儿的运动时间、运动强度以及家庭的运动习惯等有十分重要的关系。作为半日班的老师，我们应用专业的态度和方法去观察、了解幼儿，发现幼儿运动差异背后的原因，有针对性地制订教育方法和措施，促进半日班幼儿身体运动能力的发展。

2. 影响半日班幼儿运动能力发展的原因。

（1）半日班幼儿户外体育运动时间不够。不少半日班教师认为，半日小班的幼儿年龄小，需要以保护为主，体能锻炼要做，但是不一定要运动一小时，避免出现意外伤害。而家长也认为幼儿园半日班的体能锻炼能够满足幼儿的身体需要，回家后就不再进行体育锻炼。所以，户外运动时间不够，是影响半日班幼儿体能发展的重要因素之一。

（2）半日班幼儿体能运动质量不高，户外活动强度不够。在以往的观察中我们发现，老师们能够保证幼儿的户外运动时间，但是在组织中有时缺少系统性和有针对性的设计，运动的强度和密度有所欠缺。教师对于幼儿运动的发展规律掌握得不够扎实，设计的运动强度也比较小，对于幼儿体能锻炼的发展性是不够的。

（3）家园配合不够密切，没有充分认识到体能锻炼对幼儿生长发育的重要性，未能形成教育合力。通过调查和了解，多数半日班的家长都不能够带孩子进行适合的户外体能锻炼：有的家长忙于工作和家务；有的家庭以祖父辈带孩子为主，年龄比较大，没有充足的体力带领幼儿开展体能锻炼；生活的小区面积小，没有运动场所；家长对于幼儿过度保护，不愿意带幼儿开展体能锻炼；还有最严重的就是电子产品充斥幼儿的生活，幼儿丧失了对体育游戏的兴趣……而孩子运动和体能发展的机会就这样一天天地流失掉了。究其根本原因，是家园配合不够密切，幼儿园还要进一步引导家长了解体能锻炼对幼儿生长发育的重要性，鼓励家长配合幼儿园教育，在家中的半日也要有规律的生活，按时开展户外体能运动。

3. 促进半日班幼儿动作发展的幼儿园教育方法和策略。

（1）了解幼儿运动发展不协调的原因，制订有针对性的指导策略。当半日班的幼儿进入幼儿园后，教师一定要深入细致地观察幼儿的运动情况，并及时与家长进行沟通，充分了解半日班幼儿在家中的运动习惯和运动能力，对幼儿的动作发展做出客观、科学的诊断，向家长介绍体能锻炼对幼儿发展的重要性和运动发展的关键期，让家长清晰地了解体能锻炼与幼儿健康成长的密切关系，从而重视幼儿的体能锻炼，家园共同配合，促进幼儿的体能发展。

（2）保证充足的户外运动时间。幼儿园上下午各保证1小时的户外体育运动，在来园、离园的路上和晚饭后，还可以让幼儿参与适度的户外活动，才能充分满足幼儿户外体育锻炼在时间上的需求。

半日班的老师更要给予幼儿足够的运动时间。在组织户外活动时，既要考虑到幼儿的年龄特点、身体发育特点来选择户外运动的时间，也要注重户外体育运动的灵活多样性。如冬季天气比较寒冷，我们可以选择10:00～11:00的时间段开展户外体育。到了夏季，天气比较炎热，可以选择9:00～10:00进行体育活动。除了正常的体能锻炼一小时，还可以根据季节的特点开展户外角色游戏、户外散步、户外涂色（写生）等多种活动，让幼儿喜欢户外活动，感受到户外游戏的趣味性。同时，还可以关注一下幼儿来园和离园的交通方式，随着家庭生活水平的提高，不少家庭都是让孩子坐汽车上幼儿园。如果孩子的家离幼儿园不远，要鼓励幼儿步行来园，这本身对于幼儿就是很好的体能锻炼。

（3）开展高质量的户外体能运动。半日班的教师除了保证充足的运动时间外，更应重视开展高质量的户外体能运动。首先，随着小班幼儿情绪的稳定，对幼儿园生活的适应能力不断增强，教师要设计丰富有趣的游戏，激发幼儿参与户外体育游戏的兴趣和愿望。其次，还要根据幼儿的身体发展目标，有计划、有目的地设计体育游戏。如开展"快乐的小动物""小马运粮""小兔子拔萝卜""小熊过桥"等游戏，促进幼儿走、跑、跳、投掷、平衡、攀登等多方面运动能力的发展。再次，组织半日班幼儿开展的体育游戏一定要具有一定的运动强度和密度，保证幼儿在体能游戏中得到锻炼和发展。当然，在开展比较剧烈的体能运动前，一定要带领幼儿做好热身运动。最后，为半日班的幼儿提供丰富可选的户外游戏材料，如小高跷、钻爬材料、触物跑玩具、投掷击打玩具、花样跳跃的不同材料等，让幼儿在快乐的游戏中得到锻炼和发展。

（4）注重与家长的沟通，为家长出谋划策，形成家园教育合力。首先，通过多种途径向家长介绍体能锻炼对幼儿发展的重要性。可以通过家长会、家长沙龙、亲子运动会、幼儿体质测试汇报、个别约谈等多种形式向家长有计划、有目的地介绍体能锻炼对幼儿身体健康的重要性，让家长意识到动作协调发展对幼儿一生健康都具有十分重要的意义，在思想和行动上都明确教师的沟通是为了孩子更加健康地成长，从而愿意配合和支持幼儿园的教育。

其次，为家长出谋划策，针对幼儿的体能弱项，向家长介绍适合的亲子游戏进行锻炼。除了重视体能锻炼，教师要为家长在家里带领幼儿开展科学、有效的体能锻炼出谋划策。也可以向家长介绍针对幼儿的体能弱项可以开展的亲子游戏。如踩影子、学学小动物的游戏等，既让家长看到了幼儿教师的专业性，也增强了家长对教师的信任，形成较好的家园互动、家园配合的良好教育合力。

最后，多设计一些户外集体活动，请家长观摩、参与，共同感受体能锻炼对幼儿成长的作用。平时家长们的工作可能都比较繁忙，我们也可以利用周末的时间带孩子到附近的公园、绿地进行游园活动。在游园的过程中，我们可以根据孩子的身体情况决定幼儿行走的路程，在孩子体力可以达到的范围内，鼓励孩子自己行走。孩子们非常喜欢外出游玩，家长们也可以通过游园活动逐步锻炼孩子的腿部力量，促进幼儿动作协调性的发展。

总之，只有孩子们对体育活动感兴趣，愿意参加体育活动，体育活动能力才会增强。幼儿的运动经验丰富了，运动能力增强了，他们参与活动的自信心也随之增强。当我们和他们一起游戏时，孩子就会喜欢玩、愿意玩、主动玩。相信在教师和家长们的共同努力下，孩子们会更加活泼、开朗、自信、健康。

（北京市西城区棉花胡同幼儿园　贡　颖）

（三）3～4岁幼儿基本动作发展阶梯目标及游戏案例

1. 钻。

表10　"钻"的发展

项目	阶梯目标	能力发展	动作要领	安全及标准	材　料
钻	正面钻	发展身体的协调能力，锻炼弯腰、低头、团身的能力	能够低头并弯腰钻过障碍物	1. 提醒幼儿在钻的过程中注意躲闪障碍物 2. 在65～70厘米高的障碍物下钻过	拱形门
	侧面钻	发展平衡能力、协调能力、躲闪能力	能主动探索钻的不同方法	1. 在钻的过程中，有自我保护意识 2. 躲闪障碍物 3. 能侧身、团身钻过50厘米高的拱形门	拱形门
	行进钻	发展协调能力、控制能力	行走中快速弯腰、低头钻过障碍物	1. 在行进过程中注意前后距离，不发生碰撞、踩踏 2. 能在60厘米高的障碍物下四肢协调地钻过	高低不同的绳子

游戏名称：火车钻山洞——钻的游戏

游戏目标：

1. 练习正面钻。

2. 用手膝爬行的方法钻过山洞。

游戏准备：拱形门、地垫（当山洞）若干。

游戏玩法：

1. 家长两人一组，面对孩子蹲下，单手搭在旁边家长的肩上，队形成山洞。

2. 宝宝排成一队当"火车"钻山洞。

3. "火车"先弯腰钻进拱形门。

4. 再钻过家长搭的"山洞"。

（北京市西城区棉花胡同幼儿园　贡　颖）

2. 爬。

表 11 "爬"的发展

项目	阶梯目标	能力发展	动作要领	安全及标准	材 料
爬	手膝爬	发展四肢灵活性和协调能力	双手双膝依靠腕撑、臂推力量推动身体前进，爬时要仰头	运用正确的姿势爬，膝盖要轻触地面 3～4 岁幼儿向前行进爬 3～5 米	垫子
	手脚爬	发展身体的灵敏性和协调性，锻炼手臂和腿部力量	手脚着地爬，膝盖弯曲不能着地，眼睛看前方	摆放的障碍物既要有挑战性，又要注意安全 3～4 岁幼儿手脚着地屈膝爬 3～5 米	各种材质的垫子（纸制、棉制等）、纸箱

游戏名称：猫捉老鼠——手膝爬

游戏准备：瑜伽垫、桌面老鼠玩具若干（或小型毛绒玩具）。

游戏玩法：

1. 幼儿与家长一起在宽敞的场地铺上瑜伽垫。

2. 在瑜伽垫一侧起始点做准备，在另一侧摆上小老鼠。家长说："小老鼠来啦。"

3. 幼儿在瑜伽垫上爬行通过。

4. 捉住老鼠交给家长。

（北京市洁如幼儿园　王大伶）

3. 跳。

表 12 "跳"的发展

项目	阶梯目标	能力发展	动作要领	安全及标准	材　料
跳	立定跳远	1. 发展腿部肌肉力量，心肺耐力 2. 发展身体的平衡能力	双脚合拢，双臂后摆，屈膝动作向前跳，落地重心向前，前脚掌先落地	1. 落地缓冲，身体前倾，落地要轻 2. 标准为 75 厘米	注意场地不要太硬，有距离标志的地标线
	双脚连续向前跳	提高腿部跳跃能力及下肢爆发力	双脚合拢，双臂前后摆，屈膝动作向前跳，落地重心向前，连续跳，前脚掌落地	落地缓冲，身体前倾，落地要轻	注意场地不要太硬

游戏1：

游戏名称：小兔拔萝卜——双脚向前行进跳

游戏目标：

1. 愿意和爸爸妈妈一起参加集体游戏活动。

2. 学习双脚向前行进跳。

游戏准备：小兔头饰若干（与幼儿人数相等）、萝卜头饰（与家长人数相等）。

游戏玩法：

1. 幼儿戴上小兔头饰，扮小兔宝宝，站在起跑线后面准备出发，家长戴萝卜头饰扮大萝卜，在终点蹲着等待孩子。

2. 教师说："孩子们，今天的天气真好，咱们一起去拔萝卜吧!"幼儿听到指令后，双手放在头顶，双腿蹦跳到终点，拉着家长的手一起跳回起点。

3. 首先回到终点的为胜。

（北京市西城区棉花胡同幼儿园 贡 颖）

游戏2：

游戏名称：摘果子——立定跳远

游戏目标：练习立定跳远。

游戏准备：两条线相隔75厘米作为小河、自制果子。

游戏玩法：

1. 幼儿站在起始线后准备，家长站在幼儿对面指定位置准备。

2. 幼儿双脚立定跳过面前"小河"，走到家长面前，家长为幼儿摘下果子，交给幼儿。

3. 幼儿手持果子，原路返回，双脚立定跳过"小河"，回到起点，完成项目。

（北京市西城区棉花胡同幼儿园 贡 颖）

游戏3：

游戏名称：小白兔和大灰狼——跳

游戏目标：锻炼腿部大肌肉的力量。

游戏准备：宽阔的场地、适宜运动的服装和鞋。

游戏玩法：

1. 家长与幼儿一同听音乐扮演小兔子，在班里蹦跳。（歌词：小小兔子跳跳跳，跳到森林里，竖起耳朵仔细听，风儿呼呼吹，树叶沙沙响，哎呀！狼来了!）

2. 当唱到"哎呀！狼来了!"时，请家长原地蹲下，两手环抱成"房顶"的样子，幼儿则躲到家长的"房顶"下面蹲好，躲起来。

3. 直到小兔子的音乐再次响起，家长和幼儿就可以又变成小兔子了。

家长配合：

1. 在跳跃中注意安全，带领孩子在教室里找一块空地和孩子一起游戏。

2. 与孩子一同游戏，鼓励孩子跳一跳。听音乐信号，提醒孩子蹲下躲起来或者可以跳一跳了。

（北京市西城区棉花胡同幼儿园 贡 颖）

游戏4：

游戏名称：小青蛙捉害虫——跳

游戏目标：学习双脚跳跃的动作。

游戏准备：自制荷叶6片、筐子3个、自制小虫子18只。

游戏玩法：

1. 分为三队，幼儿站在起点的一片荷叶上。

2. 家长手持一片荷叶，摆放到幼儿面前一段距离的位置上，让幼儿跳到这片荷叶上。家长接着拿起另一片荷叶，摆放到幼儿面前一段距离的位置上，幼儿再次跳跃。

3. 如此反复，到达终点。

4. 幼儿取一只小虫子，迅速拿着两片荷叶跑回起点，交给下一组家庭。

（北京市西城区棉花胡同幼儿园 贡 颖）

游戏5：

游戏名称：小袋鼠救大袋鼠——跳

游戏目标：锻炼下肢的运动能力。

游戏准备：大袋鼠和小袋鼠的胸牌、绳子。

游戏玩法：

1. 请爸爸妈妈站在绳子的一端，幼儿站在绳子的另外一端。

2. 教师当裁判发出口令，幼儿模仿小袋鼠的样子出发，双脚并齐跳到大袋鼠的身旁。

3. 大袋鼠的手轻轻扶着小袋鼠的肩膀，一起跳到对岸。

4. 在跳跃的过程中，家长可以提醒宝宝双脚并齐，轻轻落地。

5. 跳到绳子处为到"家"，宝宝和家长共同举手。

游戏提示：

在游戏过程中，强化幼儿双脚跳的正确姿势，如双脚并齐，轻轻落地，及时地鼓励与表扬坚持跳到终点的幼儿。

（北京市西城区棉花胡同幼儿园　贡　颖）

4. 平衡。

表13　平衡能力发展

项目	阶梯目标	能力发展	动作要领	安全及标准	材　料
平衡	原地自转	发展平衡能力、协调能力	双脚交替为轴旋转，上体正直，双臂自然伸开，旋转时维持平衡	注意不要撞到其他小朋友和周边的物体	比较开阔的环境
	单脚站立	发展平衡能力、身体控制能力、支撑力	单脚站立，主力腿控制、掌握身体平衡	注意保持身体平衡，小心跌倒	自身

游戏名称：迷迷转——原地自转

游戏目标：

1. 能够原地自转。

2. 发展平衡能力、身体控制能力。

游戏材料：宽阔的场地。

游戏玩法：

1. 幼儿与家长一起把双臂打开，说："迷迷转、迷迷转，大风来了我就站。"边说边随儿歌的旋律向左或向右旋转1～2圈。

2. 当说到"站"时，马上摆一个造型，原地不动。

3. 在游戏过程中，注意家长和孩子的活动距离，不要相互碰撞。

4. 幼儿在游戏过程中，注意不要旋转得太快。

（北京市洁如幼儿园　王大伶）

5. 攀爬。

表 14　"攀爬"的发展

项目	阶梯目标	能力发展	动作要领	安全及标准	材　料
攀爬	攀爬网	促进四肢力量的发展，锻炼手眼协调能力和胆量	能够在攀登网上进行双手双脚交替攀爬	要穿轻便、舒适的运动鞋及运动服，不要穿裙子	攀爬网平行于地面的网状器械，直径2～3米
	攀登架	促进手部、腿部力量的发展	在 45～60 度的攀爬架上灵活攀爬	1. 运动前教师要检查活动器械的安全性 2. 手抓紧，有秩序攀登，不抢上抢下，不跳下来	与地面垂直或小角度倾斜的器械

游戏名称：翻山越岭——攀爬

游戏目标：练习攀爬的动作。

游戏准备：轮胎、垫子若干、户外大型爬网器械一组。

游戏玩法：

1. 幼儿自己摆放轮胎和垫子。

2. 轮胎要逐步摆高，要有攀爬的高度。

3. 摆放器材时要接近户外大型器械中的爬网器械。

4. 家长和幼儿一起体验攀、爬。

5. 游戏可进行 3～5 遍。

（北京市洁如幼儿园　王大伶）

6. 踢。

表 15 "踢"的发展

项目	阶梯目标	能力发展	动作要领	安全及标准	材 料
踢	向前踢向后踢	促进腿部力量的发展，控制身体平衡	主力腿站立，另外一条腿随指令有节奏地向前、向后踢	控制好力量，不乱踢	悬挂物、球、包等
	踢球	发展身体协调能力，原地踢球	单脚站立，抬脚踢球	注意避让他人	球

游戏名称：我是射门员——踢

游戏目标：

1. 练习踢球动作。

2. 提高射门能力。

游戏准备：足球若干、球门两个。

游戏玩法：

1. 幼儿自己摆放球和球门，球门摆放在对应的场地两侧。

2. 幼儿和家长共同游戏，将足球分别踢向场地两边的球门。

3. 将足球踢进球门获胜，踢出球门，游戏重新开始。

（北京市洁如幼儿园 王大伶）

7. 走。

表 16 "走"的发展

项目	阶梯目标	能力发展	动作要领	安全及标准	材 料
走	自然走、有目标地走	形成端正的体态，促进身体协调	头正、颈直，眼睛向前看，自然挺胸摆臂，双脚落地轻	按一个方向走，避免发生碰撞	小铃鼓
	窄道走	发展身体控制能力，提高方位感	步幅放开、均匀，姿态端正，身体不左右晃动	活动前准备好窄路线，布置好场地	画出窄道或者用绳子摆出窄道

游戏名称：模仿走

游戏目标：

1. 在家长的陪伴下，愿意和同伴一起做户外游戏，能够平稳、自然地走。

2. 能够听游戏口令模仿小动物走路。

3. 体验户外体育游戏的快乐。

游戏准备：一条起跑线、一条终点线、奖励小贴画若干。

游戏玩法：

1. 幼儿和家长在起跑线上准备，当听到游戏口令后，家长与幼儿共同进行模仿走路的游戏。

2. 游戏过程中听口令变化走路，走到终点线视为完成游戏。完成的小朋友可获得奖励。

（1）模仿解放军，家长做幼儿的榜样，并鼓励幼儿积极模仿。

（2）模仿小兔子，双脚连续行进跳，双手作兔耳朵状。

（3）模仿大象，双手握紧做大象鼻子，弯腰向前走。

（北京市西城区棉花胡同幼儿园　贡　颖）

8. 推拉。

表 17 "推拉"动作的发展

项目	阶梯目标	能力发展	动作要领	安全及标准	材　料
推拉	双人前后推拉	提高身体的平衡控制能力及手眼协调能力	双脚在固定位置站稳不动，推拉物体	注意推拉的速度和力量的掌握	垫子
	推拉物品	锻炼上下肢肌肉的力量	双手推拉物体，推时手臂伸直，身体向前倾；拉时双臂弯曲用力向后拉，身体向后倒	1. 注意推拉物体的距离不超过 4 米 2. 动作保持稳定	纸箱 大龙球

游戏名称：拉大锯——推拉柔韧性游戏

游戏目标：

1. 通过游戏练习身体的柔韧性。

2. 练习推拉的基本方法。

游戏准备：每两个人一个垫子，根据人数准备若干。

游戏玩法：

1. 幼儿与家长面对面坐在垫子上。

2. 幼儿与家长双腿伸直，脚心相对。

3. 幼儿与家长手拉手，一起说儿歌《拉大锯》，说完儿歌完成项目。

附儿歌《拉大锯》。

拉大锯，扯大锯，姥姥家，唱大戏，接闺女，请女婿，小外孙子也要去，今搭棚，明挂彩，羊肉包子往上摆，好吃好吃，吃二百。

（北京市西城区棉花胡同幼儿园　贡　颖）

9. 跑。

表18　"跑"的发展

项目	阶梯目标	能力发展	动作要领	安全及标准	材　　料
跑	自然跑	1. 发展速度和耐力 2. 增强心肺功能	迈开步子，落地轻，双臂弯曲，在体侧自然摆动，抬头看前方，呼吸自然	场地宽阔、平坦、避免撞伤	
	走跑交替	发展腿部力量、身体协调能力、爆发力、耐力	能较好地控制身体，走跑交替时掌握方向和调节速度	避免撞到障碍物	20米左右长的场地

游戏名称：装扮爸爸、妈妈——往返跑

游戏目标：

1. 发展跑的动作。

2. 能提高动作的灵敏性和身体的控制能力。

游戏准备：家长自带装扮材料——如帽子、墨镜、披肩、项链、手镯、长项链、手链等，塑料筐 6 个、小椅子 6 把。

游戏玩法：

1. 家长与幼儿距离 10 米相对站好。

2. 幼儿每次取一件装饰物，跑到家长面前，迅速进行装扮。

3. 幼儿进行装扮时，家长可以提供帮助。

4. 幼儿进行 5 次装扮。装扮完成者为胜。

（北京市西城区棉花胡同幼儿园　贡　颖）

10. 投掷。

表 19　"投掷"动作的发展

项目	阶梯目标	能力发展	动作要领	安全及标准	材　料
投掷	双手胸前投掷	发展上肢力量和手眼协调能力	投掷时能快速挥臂，能用上腰部和腿部力量	双手腹前投球，投掷时注意周围的环境	球（重 300 克）、沙包
	单臂肩上投掷	1. 发展身体协调能力 2. 增强上肢及肩臂等部位的力量	投掷时双脚前后站立，单手从肩上把物品投出去	沙包重约 300克，投掷距离约3.5 米	球、沙包、飞盘

游戏 1：

游戏名称：宝宝投篮秀——投掷

游戏目标：

1. 能运用肩上投的正确方法进行游戏。

2. 体验亲子游戏的快乐。

游戏准备：呼啦圈、小筐各 20 个，每名幼儿 5 个沙包、纸球。

游戏玩法：

1. 家长与幼儿相对站立（各自站在画的线上）。

2. 幼儿将筐中的沙包（纸球）投到家长手中的呼啦圈中。

3. 幼儿要使用正确的肩上投掷方法进行投掷。

4. 家长将呼啦圈举在胸前，幼儿投掷时家长原地站好，不能将呼啦圈向前举。

5. 投入呼啦圈中沙包（纸球）最多者为胜。

（北京市西城区棉花胡同幼儿园　贡　颖）

游戏 2：

游戏名称：小投手——投掷

游戏目标：练习投掷的动作，提高身体协调性。

游戏准备：各种颜色的小纸球 15 个、筐 3 个。

游戏玩法：

1. 家长分别站在准备好的场地圆圈里，家长手拿小筐，站在自己孩子的对面，间隔 1.5 米的距离。

2. 宝宝站在放有小球的筐后面，每次拿一个球投掷，家长尽量用小筐接住。

3. 把五个纸球都投完，游戏结束。

（北京市西城区棉花胡同幼儿园　贡　颖）

游戏 3：

游戏名称：给小树浇水——平衡游戏

游戏目标：

1. 在游戏中学习掌握平衡。

2. 感受亲子游戏的快乐。

游戏准备：连接好的酸奶盒 10 个一组，分 3 组，水盆 3 个，小水壶 10 个，筐 3 个。

游戏玩法：

1. 幼儿与家长一起把盛水的物品装满水。（起点放 3 个筐，筐里装盛水的物品）

2. 幼儿手拿水壶，一脚在前一脚在后，交替向前走。

3. 家长在旁边保护幼儿。

4. 幼儿走到终点时，家长与幼儿一起给小树浇水，完成游戏，并把盛水的物品送回起点。

（北京市西城区棉花胡同幼儿园　贡　颖）

三、交往能力家园共育案例

（一）半日班幼儿友好交往能力的培养

当孩子迈进幼儿园大门的那一刻，教师和家长的心中都充满期待与祝福。那一刻，孩子离开了爸爸妈妈的怀抱，成为独立的个体，需要独立去面对新的环境、新的同伴、新的陪伴者。这一切都需要孩子们慢慢熟悉和适应。而孩子在探索这一切的过程就是在自我认知、建构学习。

半日小班幼儿的年龄处于3～4岁，来到幼儿园，她们结实了更多的同伴，在与同伴交往的过程中，她们会呈现出3～4岁幼儿特有的表现，如愿意和小朋友一起游戏，愿意和熟悉的老师及同伴一起活动。在游戏时呈现出平行游戏，也会有从众心理，看到别人玩时自己也想玩。

在这个过程中，幼儿会基于原有经验的不同呈现出个体差异。如有的幼儿在成长过程中，有过跟同伴一起游戏的经验，他想玩别人的玩具时会先表达，或者去观察，得到同意才去玩别人的玩具。也会有一些幼儿缺少交往经验，直接去抢夺玩具。这些都和幼儿原有的经验、生长环境及家长的引导息息相关。

对于幼儿与同伴交往能力的培养，我们要首先清楚这个阶段幼儿的年龄特点以及原有经验，还要了解对半日班幼儿来讲，培养友好交往能力应从哪些方面着手。在此基础上，我们才能找到适宜的策略方法，促进幼儿友好交往能力的发展。

1. 半日小班幼儿年龄特点分析。

（1）自我中心。2～3岁的幼儿具有明显的以自我为中心的特点，又由于半日班幼儿每天有半天的时间在家庭中度过，与同龄人相处的时间少，难以实现去自我中心。

（2）模仿。小班幼儿最大的特点是模仿，模仿成人，模仿周围的一切。因此，和幼儿最亲近的陪伴者会是幼儿无形中模仿的对象。成人的言行也会影响到幼儿。

（3）用行动代替语言表达。由于半日班幼儿在家庭中总是有家人陪伴，家人很了解幼儿的需求，所以很多时候看护者会替代幼儿表达，这就会造成幼儿用行动表达替代了言语表达。他不需要表达自己的需求，也不用太为自己的需求费心思，成人总会满足。慢慢地，语言沟通和表达能力会相对弱一些。

2. 家园共育培养幼儿友好交往能力的策略方法。

（1）教师和家长正面示范，为幼儿做行为榜样。在日常生活中，教师和家长做好正面示范，营造温馨、和谐、友爱的氛围。让幼儿在爱的环境中感受爱、体会爱、表达爱。同时，成人要注重言行示范，鼓励孩子在模仿中习得友好交往的策略方法，获得相应的经验和能力。

（2）教师和家长及时鼓励幼儿的友好行为。教师和家长要关注幼儿的行为，发现幼儿有友好的行为或言语时，要及时进行鼓励和肯定，进行正强化。如果幼儿知道这个行为是好的，是受人欢迎的，那么他会愿意继续尝试。尤其是在生活中不断地发现幼儿的良好行为，及时给予肯定。在这里特别要强调的是教师和家长的评价要尽量保持一致，孩子在尚未形成自我评价意识之前，对自我的认知和评价多依赖于成人，因此，保持一致性的评价就显得尤为重要。

（3）教师通过有目的的活动帮助幼儿获得友好交往的方法。半日班幼儿的"半日生活皆课程"。教师可将幼儿交往目标融入半日生活中的各个环节。如来离园的"问好""再见"等礼貌用语的运用；在日常活动中捕捉教育契机，渗透教育策略；通过集体游戏中的情境表演帮助幼儿获得友好交往的方法等。当幼儿了解了这些好方法以后，教师可将孩子的表现及时反馈给家长，家长在家也给孩子创造运用方法的机会和可能性，帮助幼儿在运用中感受友好交往的重要性，进而进一步强化幼儿的友好行为。

（4）教师利用照片故事记录下幼儿友好交往的策略方法以及小故事，家长回家后跟幼儿进行回顾，再次分享。在日常生活中，教师关注幼儿与同伴友好交往的点点滴滴，通过照片或视频进行记录。幼儿在生活中或游戏中所表现出来的行为往往是无意识的行为，通过照片或视频的记录，能够帮助幼儿关注自己的行为。教师及时和家长进行分享，家长再跟幼儿进一步回顾和分享，使幼儿好的行为得到认同并强化。这个过程也能间接指导家长发现幼儿的闪光点，给予幼儿正确的引导。

（5）家园共育形成合力，关注同一个目标和内容，共同培养幼儿的友好交往能力。友好交往能力包含很多方面，在日常培养中，既要关注整体，也要有不同侧重点，循序渐进地培养。因此，教师和家长要保持沟通，目标一致，共同关注一个目标和某方面的内容，共同培养幼儿的友好交往能力。

幼儿能力的习得不是一蹴而就的，需要教师和家长长期地关注和持之以恒地培养。幼儿在不同情境下，受周围环境和情绪的影响，也会有不同的行为，这些都是正常的，教师和家长还要以鼓励的态度树立正面导向，强化好的行为，营造一个宽松、快乐的氛围，来帮助幼儿不断努力，感受和同伴友好相处的快乐。

（北京市西城区棉花胡同幼儿园　孟凡星）

（二）加强与家长一对一的沟通

家园沟通的方式有很多种，其中教师与家长的一对一沟通交流是促进家园共育的重要途径之一。一对一沟通基于教师日常对孩子的了解，是教师与家长围绕"促进幼儿发展"这一主题进行的有计划、有目的的深度交流。成功的一对一沟通，能够促进家长了解幼儿园的教育理念，让整个家庭对教师产生信任感。同时，教师也能够了解到家长对孩子的期待，从教育专业的角度给予家长建议，并在日常活动中对幼儿进行个性化的教育和促进，使得家园达成共识，促进共育效果。

1. 教师发声。 小班刚入园，当其他孩子还沉浸在与父母分离的焦虑中时，壮壮就展现出强烈的攻击性行为，是什么导致他出现这样的行为？行为背后的原因究竟是什么？怎样才能帮助孩子尽快融入幼儿园生活？

2. 案例描述。 入园第一天，小朋友们都在安安静静地听故事，只有壮壮被爸爸强行拉开，因为他对着旁边的小朋友拳打脚踢，引得阵阵骚动。教师及时安抚住被攻击幼儿，并找到壮壮爸爸了解情况。壮壮爸爸和奶奶不知所措，一个劲儿地道歉。壮壮扬着灿烂的小脸"咯咯"地笑个不停，似乎并不清楚发生了什么。随后几天，教师细致观察壮壮的一举一动，他在看到小朋友时总是面带笑容，但他常掐一掐旁边小朋友的脸。当老师进行制止时，壮壮一脸不解："他叫什么名字呀？我想认识他呀。"而当小朋友大声向老师求助时，壮壮反倒很开心，并做出拽他人头发、捂他人嘴等动作。从壮壮的表现中不难看出，他乐于交往，但缺少正确的表达方式。他愿意得到他人的关注，并且当得不到关注时，会用更加强烈的动作来吸引他人的注意。

在观察和了解壮壮心理状态的同时，教师通过每天的接送时间向家长了解壮壮家的基本情况。壮壮是家中的独生子，父母日常工作较忙，上幼儿园之前基本由爷爷奶奶照看。虽进入幼儿园，但因只来园半日，依然由爷爷奶奶照看较多。教师决定先与壮壮奶奶进行沟通。壮壮奶奶在乡村当教师，有一些教育经验，对孙子有期望也有溺爱，在陌生的城市带孙子有无奈也有辛酸，在与家庭成员（尤其儿媳）沟通时有分歧也有不满。问题的解决不能一蹴而就，因此，教师用中肯的态度向她汇报孩子的情况，用理解的态度为她着想，让她首先形成"孩子需要正确的交往方式"的意识。

只有全家都达成一致，教育方法形成共鸣，才能有效地帮助壮壮改正这一现象。因此教师决定和壮壮父母进行进一步交谈。谈话前，教师准备了一些壮壮在园的活动照片。家长感受到孩子在幼儿园的开心与成长，并对教师的工作表示认可。沟通结束后，壮壮一家针对壮壮的现象开了家庭会议，大家统一了思想和教育方法。此外，教师每天都会及时和壮壮奶奶反馈壮壮的情况，壮壮奶奶也不断参与到孩子的教育中，改变了原有的教育观念。而壮壮的父母能够利用有限的时间与孩子进行有效互动，配合班级中开展的活动对孩子进行锻炼和强化，一切都在往积极的方向转变。壮壮有了家人、老师的齐心帮助，逐渐改善交往方式，变得愈发友好、温柔。

3. 原因分析。 很多家庭结构与壮壮家类似，表面上老人担当带娃"主力"，父母打"配合"，可实际上父母和老人在教育孩子的过程中存在分歧，当幼儿出现问题时，父母又不太愿意主动找老师沟通。分析以上案例，可能导致事件发生的原因有以下三个。

（1）家庭教养存在问题，导致幼儿不会交往。长辈带孩子精力有限，而且长辈的性格也决定了孩子的社会关系。壮壮的爷爷奶奶不太喜欢与他人沟通，一心扑在家庭上，因此壮壮在入园前很少接触家庭以外的人。此外，壮壮的爷爷奶奶不太会说普通话，因此壮壮的语言发展有些滞后，加之孩子动作先于语言发展的年龄特点，导致孩子出现交往时过于兴奋、不会表达，甚至用过激行为引发他人关注的情况。

（2）教育理念出现分歧，导致家人不会合作。在与壮壮奶奶及父母沟通的过程中，教师感受到婆媳间的分歧和不理解，这导致老人从根本上不太接受年轻人的教育理念，而年轻母亲也会在孩子面前指责老人的做法，循环往复，这不仅让家里充满了"火药味"，也让孩子在不一致的家庭教育理念中走向矛盾。作为教师，要注意家长工作的方式方法，帮助家长达成一致的育儿理念和育儿方法，共同促进幼儿的发展。

（3）家园互动不够密切，导致家长不太信任教师。半日班的小朋友多是新入园，家长不太了解带班教师的教育理念和教学方式，与教师没有建立信任关系。此外，家长没有树立起家园配合的意识，在了解幼儿当前问题的情况下，也不能主动与教师沟通。

4. 教育策略。

（1）细致了解幼儿情况，稳步做好家园沟通工作。面对幼儿交往问题时，教师需结合幼儿的家庭情况、个性特征进行分析。对于交往类型不同的孩子，教师需把握好与家长沟通的密度、时机，不可因为幼儿的行为表现而做出极端反应，贸然与家长沟通，这可能会引起不必要的误会，为家长工作增添难度。

（2）家长各有所长，引导家庭团结一致。家庭关系是影响幼儿身心发展的重要因素，教育一致性在家庭教育中至关重要。教师在考虑幼儿家庭结构、抚养关系、幼儿与家长亲密程度的基础上，应结合家庭成员的特点，与家长进行多角度的交谈。例如，与老人交谈时，了解老人日常带孩子的详细过程，了解其心态，肯定他们的辛苦付出，并让其理解教育的必要性。在与父母交谈时，向父母阐明老人带孩子的优势与不足。在离园后的半天时间里，老人可以为孩子树立良好的榜样示范作用，配合幼儿园把对孩子的教育寓教于歌曲、图书中。而父母则需要增加有效地亲子互动和陪伴。当家庭成员了解自己和他人在教育中不可或缺的地位时，他们会认可对方，并一起商讨行之有效的教育方法，起到事半功倍的作用。

（3）积极宣传科学育儿，家园长期稳定合作。半日班在时间上有着特殊性，这意味着幼儿需要较整日班更长的时间来适应集体生活。幼儿的交往能力需要半日班教师花更多时间培养。教师在整合交往策略、积极践行课程的同时，需要主动与家长沟通，宣传良好的教育方式，当家长教育理念的传播者、教育方法的解惑者、教育内容的共享者，做家长的知心人。在沟通时需要先询问家长的教育观念和做法，放低自己作为教育者的姿态，从帮助孩子、帮助家庭的角度进行重点的、生活化的理念共享，以此让家长尽快掌握教育方法，同时从相对客观、理性的角度思考孩子的问题，从而更加认可幼儿园的教育工作。

（北京市西城区棉花胡同幼儿园　陈　悦）

（三）我想一起玩儿

1. 案例分享。 班上有一位小朋友非常内向、腼腆。通过跟家长面对面交流、家访等多种方式得知，孩子小时候在小区的滑梯上被小朋友从滑梯上推下来了，从此就很怕和小朋友接触。教师和家长都非常希望他能够敞开心扉。

一天，在家吃过早饭的他跟着姥姥一起来到幼儿园。教师蹲下来，看着他的眼睛笑着说："早上好！"他眯着眼睛，跳着说："老师早上好！"

游戏时间，他开始寻找自己想玩的游戏。看到同伴在玩长颈鹿和奶牛的拼图，他走了过去，用小手指碰了一下同伴的胳膊，然后很快把手收了回去，腼腆地笑着低下了头。小朋友没有意识到他轻轻地触碰，仍然专心地拼图。教师从他的行为分析，认为他似乎想通过和小朋友间身体的接触来表达自己想和同伴一起玩的想法。于是教师蹲下来对他说："我注意到你刚刚去找小朋友了，还碰了碰小朋友的胳膊，你想做什么呢？"他双手捂着眼睛，一头扎进教师的怀里回答道："我也想和她玩！"于是，教师在他耳边小声地说："你想跟小朋友一起玩儿，你得跟她说，这样小朋友才能知道你的想法，走吧，老师陪你一起跟朋友说，好吗？"教师拉着他的手，和他一起走到小朋友的身边，他腼腆地笑着对小朋友说："我也想和你一起玩儿。"同伴高兴地回答道："可以呀，咱俩一起玩这个拼图。"于是两个小朋友一起游戏，我听到了他开心地问同伴："这个应该放在哪儿呀？"小姐姐一边指着拼图的位置一边回答道："应该放这里吧！"他开心地晃着身子说："是放在这里哒！"在他们的合作下，两幅拼图完成了。

2. 案例分析。

（1）尊重幼儿，理解和接纳幼儿的心理。做个善于观察的教师，才能真正走进童心世界，理解幼儿行为背后的原因，才能深层次地支持幼儿。

（2）充分了解幼儿，抓住教育契机。通过家访、电话以及微信充分了解幼儿的性格特点以及行为背后的原因，与家长进行有效沟通。对幼儿的发展与问题有预期，才能更好地抓住教育契机进行随机教育。

（3）在充分了解幼儿的性格特点以及观察幼儿表现的情况下，教师适时介入，帮助幼儿体验大胆表达和与人交往的乐趣。

幼儿从家庭到幼儿园经历了教育环境的变迁。而在幼儿园的活动中，小朋友间的交往便成为幼儿的需要。教师要真正走进幼儿的内心，与幼儿进行心与心的沟通，并给予他最大的支持、鼓励和帮助，和他一起寻找到朋友和玩伴。

（四）打人事件背后……

1. 案例分享。 户外活动前，天天站在小果的后面，不停地对着小果的头发吹气，小果回头对天天说："别弄我！"但是天天想与小果亲近，依然不停地吹小果的头发。小果平时就容易发脾气，一气之下便回头抓伤了天天的脸。天天没有哭，但是脸上留下两个指甲抓伤的红印儿，两个人都很生气。老师阻止了孩子的进一步冲突，并处理了天天的伤口。

晚上离园时，老师和天天妈妈说了一下事件的情况，妈妈表示理解："天天是因为喜欢小朋友才会这样做，有时在小区里玩，他见到喜欢的小朋友就会上前贴近人家，但是不会去主动说话，只是表现出想亲近的行为。"

第二天一早，老师又与小果妈妈沟通，小果妈妈告诉老师："小果还有个哥哥，两个人总是闹着玩，互相打来打去。有时哥哥闹小果，闹急了，小果没办法就会双手交叉放到胸前做出生气的样子，有时也会出拳给哥哥两下。"

2. 案例分析。 为了更好地解决幼儿交往方面出现的问题，老师采用了分开解决，化解矛盾的方式。对于被抓幼儿，采用先安慰、再叙述情况的方式和家长沟通。同时也对教师对孩子照顾不周表示歉意。同时，也要从专业的角度与家长沟通，小班幼儿年龄小，这样的交往冲突是正常现象。平时家长可以告诉孩子，对喜欢的小朋友可以问问小朋友"我可以跟你一起玩吗？"征求别人的同意或者认可后再去亲近别的小朋友。

对于抓人幼儿，站在理解孩子行为的角度去与家长沟通，孩子的年龄特点决定他们容易动手表达自己的不满。可以告诉他，如果想阻止别的小朋友这样做，可以请老师帮忙，而不是去抓人。同时还要告诉双方家长，其实两个孩子这样的表现反映出来的是交往问题，被抓幼儿可以告诉小朋友："我喜欢你，我可以和你玩吗？我可以和你握个手吗？"而抓人幼儿可以用话语来提醒小朋友不要这样做，或者告诉老师，而不是动手。同时，请家长平时多叮嘱幼儿正确与他人交往的方法，避免事件的再次发生。

3. 帮助小班幼儿友好交往的方法。小班幼儿的同伴交往是幼儿社会性发展的一种需要，幼儿之间表现出的交往能力的差异也正是教师努力的方向。如何培养小班幼儿的交往能力是值得我们思考的问题。

（1）做孩子的朋友，理解并疏导幼儿的交往问题。教师要尊重、理解幼儿，包容幼儿在交往方面出现的偏差或问题，尤其小班幼儿对情感要求较高，教师要时常把微笑挂在脸上，让幼儿感受到师幼关系的亲密、温暖。幼儿之间发生矛盾时，教师要善于疏导，允许幼儿表达自己的想法，利用一些巧妙的方式帮助幼儿化解矛盾。

教师还要准确把握幼儿的年龄特点，帮助幼儿在交往中建立良好的情绪、情感，提高幼儿对情绪的控制能力，从而提升社会适应能力。

（2）与家长沟通，帮助其树立正确的幼儿交往观。孩子是家庭成员的核心，有些家长会过度溺爱孩子，造成许多不良性格的形成。甚至有些家长在教育子女时会说"别人打你，你就打他"，这也是一种不正确的教育观念。

在新学期新生家长会时，教师可以从幼儿年龄特点的角度向家长讲解一些幼儿可能发生的交往冲突问题。提倡家长平时多带孩子与同龄小伙伴交往，多带孩子外出旅游，到朋友家做客或者邀请朋友到家里来玩，为孩子创造更多交往的机会，从中引导孩子学会分享、学会表达。同时告诉家长要有意识地引导孩子用正确的方式与人打招呼，如说礼貌用语"你好""再见""谢谢"等。家长也要以身作则，在日常交往中起到榜样示范作用。

（3）抓住教育契机，设计丰富的活动。游戏是小班幼儿喜爱的活动，教师可以在游戏活动中培养幼儿的交往能力，让幼儿在游戏中学会交往、合作。教师要抓住孩子交往中的问题，抓住教育契机，设计一些语言活动、社会活动，在活动中告诉幼儿正确的交往方式等。

教师还可以通过讲故事、看表演、角色区游戏等活动帮幼儿理解朋友的真正含义，使幼儿懂得真正的朋友应该互相谦让、互相关心、互相帮助，心中要有朋友，友善对待朋友，这样小朋友才愿意和你交往。

（北京市西城区名苑幼儿园　张依珺）

（五）脱掉"透明斗篷"的小虎

家园共育即家长与幼儿园在幼儿教育中共同发挥作用，家庭和幼儿园都没有缺位，分别承担自身的教育功能。家园共育既是创新的教育方式，也是现代的教育理念，是家庭与幼儿园紧密合作，教师与家长协同教育，形成教育理念和方式的共识，达到科学育儿目标的教育过程。

1. 小虎的"透明斗篷"。 刚入幼儿园，小虎便十分吸引教师的目光，原因是他从来不主动与老师和小朋友交流，每天只是安安静静地来，安安静静地离园，甚至去卫生间、玩玩具、吃饭也都是一个人，不愿意和任何人沟通。教师曾主动尝试与小虎沟通，试图了解他的喜好，创造彼此了解的机会，但小虎都是用躲避目光或者点头、摇头的方式回应，有一次小虎甚至面无表情地告诉教师："老师，我穿了能让你们都看不到我的透明斗篷，你们都看不到我的。"教师觉得小虎内心单纯的同时，也发现小虎不自信，对于与人交往、沟通存在逃避情绪和压力。基于日常的观察，教师认为小虎不愿与人沟通的原因可能是其内向的性格，再加之他每天只来园半天，所以每当他刚熟悉环境，就到了离园时间，总是很难开启自己与他人交往的"心门"。

2. 与小虎妈妈的沟通。 基于小虎的现状，教师决定与小虎的妈妈进行一次约谈，深入了解小虎不愿与人交往的原因，共同探讨帮助小虎学习与人交往的好方法。教师首先肯定了小虎做事独立、专注的优点，同时也向小虎妈妈客观地介绍了小虎在园不愿与人交往的情况。经过小虎妈妈的介绍，教师了解到小虎在1～3岁期间，因为妈妈生二胎的原因，家里人关注小虎的时间少，这也就直接导致小虎与他人交往的机会变少。与此同时，小虎性格相对内向，也缺少与他人交往的技能，面对还不熟悉的幼儿园环境、教师以及小朋友，小虎也就自然产生逃避心理。另外，基于小虎"透明斗篷"的话，小虎妈妈也表示小虎虽然来园从不哭闹，但是每天出门都会询问："妈妈，今天给我穿透明斗篷了吗?"

在全面了解小虎不愿与人交往的原因后，小虎妈妈积极表示愿意与幼儿园相互配合，共同帮助小虎建立自信，发展与人交往的能力。基于小虎的现状，教师提出在家和在园两种促进小虎与人交往的方法，并鼓励家长与教师协力共同尝试，具体内容如下。

（1）在园时，教师多带领小虎熟悉幼儿园教室及室外的美好环境，帮助孩子喜欢上幼儿园的设施，愿意在幼儿园玩。教师多向小虎介绍自己，与小虎多多沟通，了解小虎的喜好、内心的想法，疏通小虎内心与人交往的压力。多多鼓励小虎，使其在做事时获得自信，愿意让大家看到自己的闪光点。动员相对外向的幼儿与小虎成为好伙伴，带动小虎与他人交往，感受拥有伙伴的乐趣。为小虎搭建与他人交往的机会，引导并鼓励他尝试主动与他人交往。

（2）在家中，鼓励小虎每天出门不再穿"透明斗篷"，勇敢面对幼儿园环境。每天在家的半天，尽量鼓励家里老人带小虎和弟弟出门，创造与邻居、伙伴玩耍和沟通的机会。鼓励小虎树立哥哥的责任感，可以以"大带小"的形式，鼓励小虎教弟弟说话，与弟弟多多交流，增进兄弟情感，同时在"教"与"学"的过程中提升自信心。

3. 脱掉"透明斗篷"的小虎。经过家长和教师的共同努力，在即将升入中班时，小虎早已脱掉"透明斗篷"。在进餐前，我们能够看到小虎愿意主动尝试做值日，为大家服务的身影；在区域游戏、户外活动时，我们看到小虎能够主动和好朋友辰辰合力搭建大火车的画面；在过渡环节时，我们看到小虎愿意回答问题，向大家分享经验的行为。在老师稍有不适时，我们听到来自小虎的关心，感受到小虎对老师的爱；在周末，我们看到虎妈发来的小虎照顾弟弟、与邻居一同参与社区活动的精彩照片。小虎的改变，小虎妈妈的感谢与欣慰，让我们发现小虎早已从爱躲避的小男孩变成了能够与他人友好交往的小男子汉。

4. 案例分析。

（1）细心观察，主动分析。在本案例中，教师能够细心地观察、发现小虎在日常生活中所呈现的与人交往的问题，并能够基于幼儿的表现，利用自身的专业知识，对幼儿的性格、心理进行简单的原因分析，从而为下一步与家长的约谈做准备。

（2）真诚沟通，获得支持。在此次沟通的过程中，教师能够首先肯定幼儿的优点，并客观地提出幼儿亟待解决的问题，充分展现教师对幼儿的关心，获得家长的肯定、信任。通过约谈，教师深入了解幼儿不愿与他人交往的原因，并分析出相关的引导、教育方法，获得家长的支持与配合。

（3）耐心观察，静待花开。在约谈后，教师除努力促进幼儿友好交往外，也在耐心观察着孩子的点滴变化，静静地等待孩子的进步与发展，同时积极地反馈给家长，帮助家长感受半日班孩子的进步以及半日班家园共育的成效。

5. 家园共育策略的思考。

（1）及时沟通，明确目的。当发现半日班幼儿在园存在亟待解决的问题时，教师应第一时间与家长沟通，如微信沟通、电话沟通、当面约谈、家访等都是比较有效的形式。本案例基于幼儿的表现及家长的时间，采取当面约谈的形式进行沟通。

在沟通前，教师还需清楚此次沟通的主要目的，多数情况下需明确以下几点：幼儿的哪些行为问题亟待解决？促成幼儿这一现象的原因可能是什么？如何通过家园共育的方式帮助幼儿改进？

（2）态度亲切，言语巧妙。在与家长沟通的过程中，教师首先要以温柔、亲切但不失严肃的态度与家长进行沟通，帮助家长放下心中戒备，信任教师是为孩子好，理解沟通没有恶意。其次，在沟通的过程中，教师还要注意语言的艺术，可先以幼儿在园的点滴事件入手，赞扬幼儿的优点，再客观地描述幼儿在园出现的现象，引出需要沟通的问题，从而引导家长积极主动地与教师磋商良好的解决办法。

（3）统一观念，多重准备。在沟通问题前，教师要先确认家长的教育观念与教师和幼儿园是否一致，从而确保沟通的有效性。如家长的教育观念存在误区，教师可先不急于否定家长的观念。可晓之以理、动之以情地给家长介绍自己的观念，分析如按照教师这一观念进行教育会给孩子带来的益处，以及观念相反会给予孩子的危害，引导家长信任教师的方法，知道教师和家长的目的都是为了孩子的成长与进步。

此外，面对孩子的问题，教师还需结合原因，在事先列出一些有益于孩子改变和发展的有效策略，引导家长与教师一同尝试。策略可来源于自身经验、书籍或请教有经验的教师等。一方面，既可避免沟通时现场商量对策的紧张，又可节约沟通的时间；另一方面，教师对策略的充分准备也可以帮助家长进一步信任教师，也有益于家长在家教育时更有效地实施教育策略。

（4）持续追踪，及时反馈。在与家长进行沟通后，除幼儿在园的半日，教师严谨地按照策略进行教育外，还应持续追踪。一方面，教师要持续关注家长在家进行教育的情况及有效性，如发现家长稍有松懈或妥协，应及时地提醒、督促。另一方面，教师还应紧密追踪幼儿的点滴改变和进步，耐心发现幼儿的进步，从而印证家园共育的成效。

与此同时，当教师发现幼儿在园半日有较为明显的进步时，需及时运用拍照、录像等信息化手段记录下来，作为幼儿成长档案的一部分并分享给家长，帮助家长感受幼儿进步带来的愉快心情，同时也体会通过自身努力教育幼儿收获的成功，感受家园共育的有效性，进而促进下一次家园共育顺利进行。

（北京市西城区棉花胡同幼儿园　李　静）

（六）圈圈的改变

1. 情景再现。新学期开始了，经历了国庆假期，老师们发现圈圈小朋友在自理能力上发生了变化。原本可以独立进餐的她，现在却连勺子都不能熟练使用了，常看着一个地方发呆，还需要老师帮忙喂饭。这种情况下，教师不得不和圈圈的爷爷进行交流。简单沟通后，教师了解到原来是圈圈家里迎来了"老二"，爸爸妈妈忙于工作和照顾新生儿，把圈圈暂时送到了爷爷奶奶家。缺少了爸爸妈妈的陪伴，圈圈的情绪变得低落，容易急躁，夜里哭着要妈妈，老人见此情景便对圈圈照顾得更加"细致入微"，穿衣、吃饭、走路等都替她做了。

2. 原因分析。通过与幼儿爷爷的简单交流，圈圈生活自理能力下降的原因主要有三：一是幼儿突然离开了最熟悉的父母，得不到爸爸妈妈的爱使幼儿处于一种极度缺乏安全感的状态下，因此便出现了情绪低落、紧张、焦躁的状态；二是爷爷奶奶对孙女过度疼爱，什么事情都替她做了，这种"无条件的爱"让圈圈忘记了自己的事情自己做，最终导致她的生活自理能力下降；三是家长的错误观念，认为幼儿年龄小，自我服务意识会随着年龄增长而养成，不觉得生活自理能力下降是问题。

3. 培养策略。

（1）增加家园沟通频率和方式，探讨培养幼儿自理能力的新思路。圈圈的家庭是隔代教育的真实写照。如今，隔代教育已经成为我国社会的"新常态"，父母忙于工作，无暇照看孩子，就把孩子送到祖父辈身边。祖父辈具有更加丰富的育儿经验和耐心，但是在教育方式、价值观念等方面又相对落后，最终出现"溺爱""包办"等现象。圈圈妈妈了解到圈圈在园表现后表示非常吃惊，很是着急，眼圈甚至都有些泛红。可见，幼儿父母并没有和爷爷奶奶及时沟通，也没有意识到自身行为带给幼儿的不良影响，更没有意识到孩子进餐问题的严重。

首先，教师通过一对一深度谈话，前后分别和圈圈的爷爷、妈妈进行了沟通。考虑到爷爷奶奶年事已高，教育视野和学习能力受限，因此在与孩子祖父辈沟通时少一些空洞的说教，而是告诉他培养孩子独立生活习惯的具体方法。例如孩子在吃饭、穿衣等生活方面不要怕麻烦，得多鼓励她自己动手；在幼儿出现行为问题后，处事态度要坚定，告诉幼儿哭闹不能解决问题。在改正之后，家长再表现温柔的一面，让孩子知道除了爸爸妈妈以外，爷爷奶奶也是永远爱她的。

又考虑到圈圈的爸爸经常出差，妈妈一个人带弟弟实在没有多余的精力照顾圈圈，教师又帮助圈圈妈妈想出折中的办法。"您可以带着弟弟多去爷爷奶奶家探望孩子，增进您和祖父辈之间、您和孩子之间、姐弟俩之间的交流，不仅能让圈圈感受到爸爸妈妈的爱，还有来自小弟弟的爱。"

在一对一直接沟通之后，教师又灵活运用微信等社交软件进行沟通。将圈圈在园的常规表现、游戏活动录制成视频，通过微信及时传递给圈圈的家长，更加直观地反映孩子在园的表现，让家长注意到幼儿细微的进步，或许也会观察到哪里不尽如人意，便可成为接下来的家庭指导重点。同时，我们也将往常工作中收集的成功的幼儿自理生活故事分享给圈圈的家长，指导、帮助家长进行家庭教育。

（2）制作家园联系册，共建幼儿自理能力新计划。对于幼儿的早期教育，家长们更加重视孩子知识技能的获取，常常会忽视幼儿自理能力的培养。3～6岁是孩子自理能力培养和习惯养成的重要阶段，尤其是小班时期。引导家长重视幼儿自理能力的培养，了解家园共育内容和方式非常有必要。半日班幼儿大部分时间都需要家长在家中进行教育，因此家长的帮助尤为重要，在园中学习，回到家中巩固，家园统一教育目标，让孩子在园所中养成的生活自理能力能够在家中得以保持，真正实现家园共育。

家长在假期没有按照园中的进餐习惯要求孩子，幼儿便把在幼儿园中养成的良好进餐习惯忘在了脑后。因此，通过制作生活自理能力方面的家园联系册，教师可记录幼儿进餐、如厕、盥洗、穿脱衣物等方面的具体表现和应该达到的程度，让家长了解小班幼儿自理方面的具体内容，应该达到的目标，还需要努力的方面。也可以将练习册发给家长，家长在家中记录幼儿的表现，及时反馈给教师。

（3）特别儿童特殊对待，教师在园给予孩子更多关爱。家庭环境的改变给圈圈带来了不小的影响，这其中最无辜的就属孩子了。作为一名专业的教育者，更应该去倾听和理解幼儿的内心活动。三岁幼儿的内心敏感、脆弱，渴望成年人的关爱。因此，在一日生活中，教师应更加关注圈圈的表现，多一些等待、照顾、夸奖，从正面、积极的方向引导她。例如进餐环节，轻声地提醒她注意力集中，专心吃饭，耐心地等她吃完。吃得慢一些没关系，只要她能够独立、专心地用餐，之后都会得到老师的表扬和鼓励。

在二胎时代，我们不能忽略像圈圈这样的小朋友。作为教师，尽管我们不能改变这种现状，但是我们可以通过与家长及时沟通，共同制订培养计划等方法将隔代教育带来的弊端尽可能地缩小，促进幼儿生活自理能力和行为规范的养成，家园共同努力，促进孩子身体、心理健康成长。

（北京市西城区棉花胡同幼儿园　白　爽）

（七）神秘的朋友

每次区域活动结束后，孩子们总邀请老师给自己及自己的作品合影，打印出来贴在墙上。一天，突然随着一声"这个人是谁呀？"的疑问，孩子们兴奋坏了，有的人说这个是哥哥姐姐吧，有的人说这个人是下午班的，她有个好朋友就是下午班的，还有的人说他见过这个小朋友，在另一面墙上。他到底是谁呢？随着这个问题的抛出，也引出了接下来的一系列活动。

1. 请问你是谁。他到底是谁呢？面对孩子们的疑问，老师们一致决定让孩子自己去寻找答案，并将日常向家长征集到的幼儿生活照片贴到了每个人的储物柜上。这下好玩的事情出现了，原来我的小柜子还有一个小朋友在用呀！他是谁呢？我怎么都没有见过他呢。

对于孩子们而言，一切未知的东西都显得那么奇妙，这个和自己用一个柜子的小朋友到底是谁呢？叫什么名字？也喜欢玩磁铁玩具吗？半日班是多么神奇的一个班级，虽然两个班的孩子每天都会出现在同一个地方，但却因为时间的原因而交错，而又因共同的爱好紧密地联系到了一起。接下来会发生什么有趣的事情呢？

2. "隔空"对话。面对一张自己从未见过的面孔，孩子们产生了好奇："这个就是和我用一个柜子的小朋友。"贝贝班的孩子们把想说的话画在了纸上，并请老师们写上文字。就这样，第一封信写好了，宝宝班小朋友看到信后，觉得好玩极了，也写了回信。孩子们真的开始了他们的第一次对话。

3. 宝贝交友记——我有礼物送给你。慢慢地，经过几次互通信件后，孩子们的关注点从是谁到喜欢什么，变成了互送礼物，这个小朋友说"我画了两列火车给你"，那个小朋友回复道"我画了一个房子送给你"。

"这个作品我要送给下午班。"随着一个声音的响起，孩子们的活动也碰撞出新的火花。这一天下午两点的时候，我们准时迎来了下午班的孩子们，当得知自己收到了礼物的时候，孩子们开心极了，还回了一封感谢信："谢谢你的礼物，我很喜欢，很开心。"于是我们班出现了一个礼物柜子，孩子们每天乐此不疲地互送礼物。

在这个过程中，有个从不玩玩具的小女孩在收到礼物之后，主动要求做一个小花送给另一个班的女孩，原因是那个女孩很喜欢自己画的花。这一刻我们看到了孩子们之间的友谊，虽然隔着时间，但是却依然那样深厚，令人向往。

慢慢地，老师们开始有意识地把孩子们平时的照片、作品都贴上标志，这样不仅本班的孩子们能够知道这个是哪个小朋友的，另一个半日班的孩子们也能够知道这是哪个小朋友。班里的标志分为三种：作品展示的标志、贴在墙上的标志、互送礼物的标志。

孩子们的变化融入每一天里，老师们看在眼里，家长们也看见眼里。从每位家长的眼睛我们知道，这个活动不光给孩子们带来了友谊，更让家长们看到了不一样的孩子们和独特的半日班。

根据半日班的特殊性，我们开展了一系列上下午幼儿可以互动的系列活动，这极大地考验了班上老师们的配合度，在老师们高度的默契配合下，孩子们开始了对话，在这个过程中我们看到了孩子们对另一个班孩子的好奇、关心、友爱。

（北京市洁如幼儿园　苏　杉）

第五章 CHAPTER 5
半日班家园共育经验分享 ▶▶▶

一、提前做好入园适应工作

年满三岁的小朋友即将迈入幼儿园的大门，由于幼儿一直生活在相对私密的家庭环境里，在家长的呵护下成长，现在突然离开熟悉的环境，不仅孩子会存在分离焦虑，就连家长也对幼儿园的生活充满担心。半日班幼儿更具有其特殊性，他们只在幼儿园里生活半天，还有半天时间在家庭中度过，家庭能否有效安排半日生活至关重要。如果家庭也能够注重幼儿生活习惯的培养，知道孩子在集体生活中应该学习的基本生活技能，家园共同努力帮助幼儿尽快适应幼儿园的生活，那么半日小班幼儿的入园适应效果会更好。如何让家长了解幼儿园小班的基本生活，怎样帮助小朋友尽快适应这样的生活呢？

其实小班幼儿进入幼儿园最初的困难主要是情绪不稳定和独立做事情的能力较差，不论是整日小班还是半日小班的幼儿，都面临着同样的问题。我们可以提前让孩子和家长了解幼儿园的生活，提前做好家园配合工作，让孩子人未进园，已经开始提前适应。

1. 深入分析问题，明确工作方向。小班幼儿入园适应所面临的主要问题存在于两方面：适应问题和生活自理所面临的困难。由于家庭中的入园适应缺乏科学性，导致家长忙碌紧张和焦虑，加重了幼儿入园焦虑。再加之半日班幼儿在园半天，各种生活自理能力在园锻炼时间短，更加剧了孩子的入园适应困难。针对上述问题，可以在幼儿入园前开始做入园适应工作，通过运用信息技术手段，在暑期开始科学指导家长与幼儿一起做好入园适应。一方面，让家长看到教师的专业性，增加对半日班教师的信任感，另一方面也让家长在孩子们入园前就体会到幼儿园和家庭配合的重要性。

2. 结合年龄特点，制作精美微课。微课可以让孩子边看边学，边玩边学，寓教于乐，帮助幼儿在生活中学习，在游戏中成长。幼儿园通过建立微信群，按照幼儿的学习时间和学习频率，结合幼儿入园的实际情况，设计三个单元的微课。第一单元——熟悉幼儿园：分别介绍幼儿园的园所环境、班级环境、每间教室的用途和班级的老师。让孩子们在进入幼儿园前就已经熟悉了幼儿园的环境，开始认识老师、熟悉老师，而且可以反复播放，多次熟悉，减少了孩子对幼儿园和老师的陌生感。第二单元——我的新本领：系统地介绍三岁幼儿应该掌握的一些基本生活技能和学习的方法，如洗手、上厕所、吃饭、穿衣服、认识小标记等。让家长和孩子都初步了解幼儿园生活，提前学习，有准备地迎接幼儿园生活。第三单元——读读玩玩：主要是向家长介绍一些适合入园前阅读的绘本故事和亲子小游戏，让孩子在愉快的游戏氛围和故事中更好地熟悉幼儿园生活，进一步降低幼儿和家长的紧张情绪，缓解即将到来的分离焦虑。

3. 提供有效支架，渗透科学育儿。 为了保障微课中的教育方法和策略能在家庭中有效落实，一方面，教师要及时关注微信群中家长学习微课后的反馈，特别是家长的教育困惑和需求，提供过程性指导和解答。针对家长的共性问题，教师在微信群中统一回复，集体指导；针对个别幼儿的问题，教师可利用线上一对一咨询的方式帮助家长答疑解惑。另一方面，为了让家长有计划、有目的、有主题地做好入园适应工作，给每位新生家长发放《新生入园指导手册》。手册的第一部分包含"你好，幼儿园""我准备好了""幼儿园，我来了"三个篇章。"你好，幼儿园"主要帮助家长和孩子共同认识幼儿园的整体环境、教育理念、文化和教师；"我准备好了"主要从物质、能力和心理准备三个方面指导家长和孩子在家提前进行入园准备。"幼儿园，我来了"帮助家长更加科学专业地认识入园焦虑，理解小班幼儿的年龄特点等，助力家长与孩子信心满满地开启幼儿园生活。手册的第二部分是家园互动栏目，家长可以根据手册中的各方面入园适应能力培养有序安排活动，并及时记录和打卡。教师的过程性指导和《新生入园手册》双管齐下，很好地形成了家园教育合力，达到了家园共育的教育效果。

4. 赢得家长信任，幼儿顺利入园。 通过半日班幼儿入园前的一系列家园共育活动，小班入园适应期明显比往年短，大多数的幼儿情绪稳定，适应效果好。小班幼儿入园后，家长情绪也比较平稳，能够很好地配合班级教师开展各项工作。家长们在观看课件、使用手册的同时，也可以感受到幼儿园教育的专业性和科学性，特别是看到自己的孩子高高兴兴地走进幼儿园时，也真正了解了家园共育的重要性，看到了教育效果。以后会更好地和幼儿园进行沟通和配合，促进孩子健康成长，全面发展。

（北京市西城区棉花胡同幼儿园　贡　颖）

二、做好新生家访工作，开启家园信任第一步

在家长工作的多种形式中，家访起着极其重要的作用，它是教师与幼儿家长沟通思想、联络感情、切磋教育技艺的重要途径，是家长工作不可缺少的一部分。下文从半日小班家访工作的重要性、准备、策略和注意事项等方面讨论幼儿园半日小班如何开展新生家访工作。

1. 半日小班新生家访工作是开启家园共育工作的金钥匙。第一次家访有很重要的意义和价值。首先，这是教师留给家长第一印象的关键时机。如果第一印象是专业的、有亲和力的，今后家长就会对教师产生信任；反之，如果家长对教师的第一印象是专业水平不高，今后家长可能会对教师产生负面印象，从而不配合班上工作。因此，在家访中教师要具备较强的沟通能力和应变能力，对家长、幼儿和蔼可亲，让家长有亲切感，赢得家长的信服与信赖。所以在家访前，班长一定要引领班中教师高度重视，及时召开班务会，在第一次家访时建立良好的教师专业形象。

第一次家访的第二个价值是能够帮助教师了解幼儿的家庭情况。我们知道，孩子的行为习惯、文明礼貌都源于家庭的教养方式，在接触中教师能够深入了解孩子的生长环境，包括家长的为人、教育方式、亲子关系等，这从而制订孩子的个性化教育。另外，在家访中，班长一定要确保与家长的沟通时间，时间不宜过长，最好在半小时左右，不要让家长觉得老师啰唆，要让家长觉得老师果断能干；也不要把第一次家访当作例行公事，急急忙忙地问完就走，让家长感觉老师敷衍了事，这样会对班上工作有不良的影响。

第一次家访的第三个重要价值是提高家长对家园共育的重视程度，能够有效地推进家长参与幼儿的教育。家访中，教师应努力宣传父母参与教育的重要性，让家长理解家访不仅是了解情况，切磋育儿经验，更重要的是获得信息，

同幼儿园教育结合起来，家园合作，把家访做到"一把钥匙开一把锁"，实现因人施教。同时，教师还要把孩子刚送幼儿园可能发生的特殊情况与家长沟通，如小班孩子的语言表达能力较差，孩子回家说某某小朋友打他了，可能只是孩子想和他一起玩摸了他，教师要告诉家长这种现象在小班是正常的。另外，刚入园时，家长不要一味地承诺孩子，如早上送孩子时，妈妈说："宝宝别哭，妈妈一会儿就来接你。"这样一句话也许就成了孩子的"心病"，孩子的情绪始终不能稳定下来。我们建议家长把能上幼儿园当成对孩子的一种鼓励和赞赏，让孩子形成这样的心理暗示：上幼儿园是一件开心的事情，那里有很多的好玩的玩具和小伙伴，只有表现好的孩子才能被奖励上幼儿园，以此增强孩子上幼儿园的积极性。最后，教师要重视并正确对待家长的意见，及时与园领导反馈，以便园领导获取教育反馈信息，帮助幼儿快乐地发展。

2. 半日小班家访工作的准备。首先，电话预约是很重要的准备工作，提前让家长做好心理准备。电话约谈时，班长要跟家长说好什么时候去，几个老师去，以及老师家访的目的和意义。预约时要避开家长用餐、午睡等时间，以免影响幼儿、家长的生活规律。其次，班长还要提前带领班中教师共同设计家访路线，可以就近小区，分片安排。最后，教师还要准备记录笔、幼儿入园登记表及家访问卷等。访问前，教师要从报名表上获取幼儿及家庭资料，针对家庭的特点进行详细分析，做到心中有数。记录时，教师可以提前有个暗号，能力的强弱用什么符号表示，如 ABC、★★★等。教师还可以准备照相机，拍下幼儿、家长、教师一起沟通的幸福瞬间。

3. 半日小班家访工作策略。家访时，眼睛要看，耳朵要听。重点要看家庭常规如何，观察孩子的成长环境是否有序，看孩子的玩具收放是否整齐，如果是整齐有序的，孩子的常规自理能力就很容易建立；如果杂乱无章，教师就要做好记录，以便今后开展家长工作。

另外，教师还要通过与家长交流了解孩子由谁照顾，自理、饮食如何。了解家长的教育观念，有没有"让孩子自己的事情自己做"的意识，老师通过看、听，基本就能对孩子的自理能力打分了。教师将这些材料进行保存，会对今后设计教育计划更有帮助。

除了了解孩子，教师还要了解父母，看父母是否通情达理，有些打工子弟把一切希望寄托在老师身上，放手不管，因此教师要帮助家长了解家园共育的重要意义；有些知识分子家长愿意学习，能够和教师客观讨论。面对这样的家长时，需要老师说话严谨，如果家长上来就说"你们就照顾好我的孩子，他每天上幼儿园开心就好"，就知道这样的家长不好沟通。有了这些资料，你就可以设计个性化的家长工作计划。

4. 半日小班家访工作的注意事项。首先是教师的仪态，家访的立足点在于做到与家长建立和谐的关系，取得家长的信任、理解、支持，这样教师才能顺利开展家庭指导。因此教师家访时的态度要诚挚、亲切，言辞得当，和幼儿讲话时，声音温和，面带微笑，让家长和幼儿感到教师特有的魅力，并对教师产生亲切感、信任感，对进入幼儿园和见到老师产生向往和期待。在着装上，教师要化淡妆，尽量选择颜色鲜艳的衣服，体现教师积极向上、青春洋溢的精神面貌。

另外，教师在与家长交流沟通时，要以先倾听后探讨的方式进行。班长还可安排年轻有活力的老师陪伴幼儿玩耍，利用幼儿感兴趣的玩具和小游戏，捕捉幼儿的兴趣点，理解幼儿的交往特点，通过游戏知道孩子的小名，与幼儿建立初步的熟悉感，方便幼儿从心里接受老师，从依赖父母转移到依赖教师，更有利于帮助幼儿减轻分离焦虑。

最后，为了拉近教师与幼儿的距离，教师可为幼儿赠送礼物，比如教师亲手制作的飞机、小花等，让孩子体验到教师的友好，让孩子喜欢老师。家访即将结束时，教师发放新生入园小贴士，给予家长提示和帮助，让家长为幼儿做好入园前的心理准备和能力准备。还可送一张爱心样式的小卡片，上面有班级电话、班级空间、班长电话、幼儿园微信公众号平台等，让家长提前进入家园联系互动中，进入网页了解幼儿园和班级要求。回班后，班长要带领班员及时总结分析，把家访情况做简单记录，认真反思、总结经验，将获得的信息与日常教育相结合，做到"一把钥匙开一把锁"，因人施教。

附：幼儿园半日小班幼儿入园前访谈记录

被访谈者姓名＿＿＿＿＿＿ 访谈日期＿＿＿＿＿＿ 与幼儿关系＿＿＿＿＿＿

幼儿姓名＿＿＿＿＿＿ 性别＿＿＿＿＿＿ 出生日期＿＿＿＿＿＿

访谈内容：

一、幼儿生活习惯及健康习惯

1. 入园前由谁照顾？

2. 能否独立进餐？

3. 喜欢吃何种食物？是否挑食？

4. 对何种食物过敏？

5. 是否定时、独立大小便？

6. 是否尿床？

7. 能否独立、安静午睡？在家的午睡时间？

8. 能否独立穿脱衣服、鞋子？

9. 气温（季节）变化是否易生病？

10. 有何病史？（高烧时是否惊厥）

二、个性表现

1. 是否喜欢与人玩耍、交流？

2. 在生人面前是否害羞、爱提问？

3. 在家的兴趣爱好？

三、家长需要特殊说明的事项

（北京市西城区名苑幼儿园　马晓曼）

三、家园牵手，缓解入园分离焦虑方法多

小班幼儿第一次离开家人进入幼儿园，对幼儿园的一切都感到陌生，不论是整日班还是半日班，每名幼儿都具有不同程度的入园焦虑。相对整日班，半日班教师在做好缓解幼儿分离焦虑工作时，因为幼儿在园时间短，要更加注重与家长的协同合作以及有效利用在园时间开展丰富的活动。

幼儿分离焦虑主要由以下原因产生：

一是幼儿生活环境的变化引起对陌生环境的焦虑。孩子第一次离开家庭，来到了陌生的幼儿园，新环境导致了孩子的焦虑感。

二是照顾者的变化引起的焦虑。孩子在家庭中与家人形成了亲密的依恋关系，但来到幼儿园需要与陌生的教师、同伴形成依恋关系，这对孩子的交往能力提出了挑战。

三是对幼儿园生活的担忧引起的焦虑。孩子在家庭中习惯了家人的包办

替代，没有形成基本的生活自理能力，但来到幼儿园需要自己的事情自己做，生活自理能力的不足导致了孩子的焦虑。

针对原因，可以运用下面的策略来解决入园分离焦虑的问题。

（一）互相熟悉，建立入园安全感是前提

小班幼儿在入园准备阶段都做什么？只能是家长在家陪伴幼儿练习自理能力吗？当然不是，其实在入园前，通过家园沟通协作，可以有多种途径帮助幼儿提前认识和了解幼儿园，教师能够提前了解每位小朋友，为开学后的入园适应打下良好基础。尤其半日班幼儿在园时间短，更加适合在入园前就借助家访、视频短片等来帮助幼儿认识幼儿园和教师。

在半日小班幼儿入园前的准备阶段，教师可以通过家访使幼儿提前认识班级中的1~2名教师，在家访时设计一些有趣的互动小游戏，和幼儿间建立独特的"暗号"，拉近与幼儿的距离。同时，教师可以在家访前做好提纲，有意识地了解幼儿的兴趣、家庭教养情况、家庭成员等基本情况等，从而有针对性地做好入园准备工作。

教师也可以通过制作视频短片介绍幼儿园和班级老师，让幼儿提前熟悉幼儿园环境和教师，初步建立对未来幼儿园生活的控制感。

（二）提升能力，建立活动胜任感是关键

1. 入园前提前了解幼儿园生活，做好入园能力准备。半日班幼儿在园时间短，许多生活环节可能只经历一两次，不像全日班，能在一日生活中反复练习和熟悉，很快就能掌握。针对半日班，借助网络微课程、短视频、图画书等方式提前熟悉基本的自理能力是非常有必要的。入园前，幼儿在家长的陪伴下一对一学习，家长指导更有针对性，幼儿循序渐进学习更从容。另外，家长在微课程的指导下，对幼儿园生活能够有清晰的认识，对于入园的能力准备也更明确，家长情绪稳定不焦虑，准备全面不盲目，孩子入园后才能够顺利适应。

2. 入园后，循序渐进提升自理能力，注重胜任感的培养。半日班幼儿由于在园时间短，进餐环节少，没有午睡等情况，幼儿在园接触到的生活自理环节较少，培养半日班幼儿自理能力就要联合家庭，依托家园合作，有计

划、分步骤开展。

（1）由易到难原则。先从幼儿在园能接触到的简单能力入手，逐渐过渡到在园接触不到的较难的技能。如在入园之初，先学习自己如厕、提裤子，学习自己穿鞋，学习正确的洗手方法等。当这些能力差不多掌握之后，可以联合家庭，培养自己穿脱衣服和进餐的能力。

（2）家园互动原则。在联合家庭方面，可以结合家长沙龙活动，先和家长一起讨论学习自理能力的重要性、必要性，再通过家长间共同体的讨论和分享，寻找幼儿学习技能时可能遇到的难点，针对难点讨论方法。

还可以由教师制作自理能力相关的小视频，通过示范、儿歌的方式介绍穿脱衣服的方法，再通过微信群发送，家长可以和幼儿在家学习，将学习过程录制成视频，分享交流。

（3）游戏性原则。可以在家开展"自理能力打卡活动""好习惯养成计划"等，分阶段将需要养成的自理能力在家庭中尝试，如起床自己穿衣服、在家自己吃饭、坚持午睡等。每天打卡或运用贴纸进行自我评价，坚持天天做可以在幼儿园换取小礼物，在互动式的游戏中幼儿有参与感，练习起来更有兴趣，并且换取礼物的形式能让孩子感受到"我在家做的事老师都知道"，加深了孩子对于幼儿园和家庭之间的联系感，使幼儿更愿意来园。

在培养幼儿自理能力的时候，切不可因追求能力提升而不顾及幼儿感受，针对半日班幼儿刚入园阶段的自理能力培养，兴趣和胜任感的建立比掌握技能更重要。

（三）做好护理，保持身体健康是根本

通过以往的观察发现，半日班幼儿出勤率较整日班低，很大原因是半日班来园时间短，遇到寒冷、刮风下雨、暴晒等天气时，家长可能就不送幼儿来园了。如果再出现生病感冒等情况可能就要持续休息。不能连续出勤也会使幼儿的焦虑情绪反复，因此做好半日小班幼儿的健康护理工作就显得尤为重要。

1. 做好半日生活护理的宣传工作。幼儿刚刚入园，家长并不清楚教师是如何组织和实施幼儿园半日活动的，需要教师在入园初期多向家长进行宣传介绍，如在幼儿园里老师是怎样组织和引导幼儿喝水的？怎样照顾幼儿如

厕的？幼儿园的营养食谱是依据什么来制订的？在幼儿进餐过程中老师怎样保障照顾到所有幼儿？这些与幼儿健康息息相关的小问题是家长最为关注的，也是最容易引起家长焦虑的，如果教师能够通过家长会或对话及时主动地告知家长，会向家长传递类似"老师懂我""老师很有经验"的讯息，能使教师迅速和家长建立信任合作的关系。

在生活护理方面，教师在细节处给予家长温馨提示，也能够使家长感受到老师对幼儿的细心照顾。例如，换季的时候，室内温度有多高，户外活动时适合穿什么样的衣服，传染病高发期在家如何预防，老师在园做了哪些工作。如果老师可以针对性地进行提示，家长们会更加安心，相信老师的温馨提示不仅能够为幼儿带去呵护，也能赢得家长的信任。

2. 教师针对体弱儿做好个别护理和沟通工作。 小班幼儿语言表达能力和小肌肉动作都处在发展阶段，并不能很好地运用，因此幼儿在自我照顾方面会遇到许多困难，表达需求方面也会出现不敢或不习惯语言表达、用动作代替等现象。这需要老师在生活中细心观察，摸清幼儿个性特点和行为规律，同时和家长做好个别沟通。如几乎每个班级都有爱尿裤子的幼儿，在和家长沟通的时候，要注意保护幼儿的隐私和家长的自尊心，同时也要帮助家长寻找原因，认识到这是幼儿此阶段发展的必经过程，取得家长的理解。

适宜的沟通让家长觉得教师专业又贴心，更加信服老师，同时也更愿意在教育问题上听从老师的建议。

半日班由于其特殊性，会给老师们的工作带去更大的挑战，在缓解分离焦虑上，方法千万种，原则不会变。良好的师幼关系，有趣的游戏内容，有胜任力的学习是幼儿适应幼儿园生活的不变法宝。

（北京市西城区棉花胡同幼儿园　仇贺男）

四、从哭到笑只有"一扇门"的距离

班门口正对着孩子们的储物柜，它的边上有一把小椅子。今天也是下午班的孩子们第一天独立来幼儿园，身为这其中一员的宁宁，哭得"伤心欲绝"，眼看妈妈"彻底"走远，孩子一脸"生无可恋"，坚定地告诉老师，他不要进班。接着红红的眼睛又泛起了泪花，喏喏地说："我就在外面等我妈妈，就坐在这个椅子上。"面对这样的情况，妈妈给出的答复是这样的："苏老师，宁宁说他换成上午班，肯定会高高兴兴地来幼儿园。"

第二天。"我今天还坐在门口，行吗？"宁宁大声地告诉我，没有了伤心欲绝，取而代之的是小心地询问。教师微笑地点头。这天下午，宁宁接过了老师递给他的一杯水，中间进班小便一次，还不忘告诉老师："我就是去小便，一会儿还坐在那儿。"晚餐时间到了，老师询问他要不要吃一点儿饭，被他一口拒绝。那汤呢，要不要尝尝？看着他犹豫的小脸，老师赶紧追问："就一小口？""行吧。"宁宁连忙说："就喝汤，不吃饭。"

第三天。"你今天除了打算坐在这里，还想做些其他的事情吗？"老师蹲在他面前询问道。"那你拿一本书给我看吧。"宁宁小大人似地回应道。得到答复，老师兴奋极了，连忙询问他想要看哪本。宁宁愣了一下："想看那本月光男孩。"拿出书后，老师告诉宁宁要是渴了记得进屋喝水。今天的宁宁开始自己进屋接水喝水，并主动喝汤。

第四天。今天的宁宁已经能够红着眼睛和家人主动说再见了，当然也不忘嘱咐老师不用管他，他自己就坐在椅子上。"今天的水果还不错，要不要进去尝尝？"犹豫了一会儿，宁宁决定先进屋去看看。今天的宁宁开始吃加餐，并且自己去书架拿书，当然还是在外面的椅子上看。中途小便还会将带来的巧虎娃娃放到老师的手里，告诉老师帮他保管一下，等他出来了再还给他。

第五天。宁宁开始在屋子里面玩儿，并且在吃完饭的时候，从一小勺什锦炒饭到最后吃了两勺多一点儿的饭。今天是星期五，转眼新的一周。周一，老师还在想宁宁会以什么状态出现，结果一张大大的笑脸出现在老师的面前。这一刻，老师知道宁宁已经对这个班级建立起了一定的信任与安全感。

只有真正去尊重理解并接纳孩子的所有情绪，在感情面前将孩子看作是一个完整的个体，以平等的姿态去面对他，给他足够的时间去建立信任感或者熟悉感，才能让孩子感受到幼儿园和家是一样的，慢慢地融入进来。宁宁从不进班到进班，从不吃不喝到大口喝水、大口吃饭，这个过程中有爱、有信任、有坚持、有关心、有接纳。在之后家长工作的开展过程中，宁宁妈妈发来的一句话——"孩子的幼儿园就是我们家长的幼儿园。"这一刻，老师突然意识到这扇门走进来的不仅是小朋友们，更是家长们的信任。

（北京市洁如幼儿园　苏　杉）

五、爱迟到的顺顺宝宝

入园一段时间了，孩子们的作息时间已经逐渐适应半日集体生活，绝大多数家长可以督促幼儿早起参加幼儿园的早操晨练环节，可是顺顺还是一直拖到区域活动接近尾声的时候才能来到班里。老师多次想与顺顺妈妈沟通，想让顺顺妈妈配合鼓励顺顺早些来幼儿园，可是每次顺顺妈妈都急匆匆地说："顺顺快去，跟老师问好。我走了啊，车停得碍事儿，老师再见。"虽然很晚才到幼儿园，但是每次到了午饭的时候又是睡意朦胧，有时候吃饭的时候两只眼睛就开始打架。每到这个时候，如果有人打断了他浓浓的睡意，顺顺便会化身为"雷公"，喊声可以传到隔壁班，眼泪哗啦啦地流下，我们看着十分心疼，又带着几分无奈。对于孩子最重要的饮食和睡眠，我们该如何抉择？又过了一周，还是没有恰当的时机与顺顺妈妈面对面沟通，我翻开家园联系册，准备通过电话与顺顺妈妈沟通。翻开顺顺那一页的练习册时，我发现顺顺家登记的住址跟幼儿园是临近街区，走着就可以到，怎么会停车呢？后来通过询问顺顺我才了解到，原来顺顺家住得很远，所以妈妈每次都带顺顺到自己的单位吃早饭，然后再送顺顺来幼儿园。了解了这个情况，我们就能理解顺顺为什么来得晚还犯困了。后来我给顺顺妈发送了一张照片并附言："顺顺妈妈您好，顺顺最近特别勇敢，可以主动举手发言，特别棒。"顺顺妈妈发来了一条语音："谢谢老师，多亏咱们老师的帮助。"我回复到："您客气了，还得是咱们家长配合老师和班级的工作，在家多多鼓励孩子。不过班里的作品展示台上一直没有顺顺的作品，孩子的心情有些低落。其实顺顺的空间立体感和动手操作能力都很强，就是每次来班里都错过了区域游戏时间。"顺顺妈妈说出了自己的难处："实在是不好意思，我家住得远，幼儿园没有饭，我们其实起得还挺早的，就是我得带着孩子去单位吃早饭，吃太早我担心孩子又饿得快。"我了解了顺顺妈妈的忧虑，和老师们商量过后决定做出一些微调，我回复了顺顺妈妈的担忧："我们将上午进食加餐的形式改为分组进餐，在区域活动中询问孩子是否有饥饿感或者是否想先进食加餐，这样就可以缓解因为吃早餐过早而出现饥饿感的情况，您看这样可以让顺顺早些来幼儿园和孩子们一起玩他喜欢的玩具吗?"顺顺妈妈答应了。后来顺顺到幼儿园的时间一天比一天早，每天我们都会给顺顺妈妈发孩子在区域活动中愉快游戏的照片或是作品照，最后，顺顺每天都可以在区域活动开始前来到班里。后期为了鼓励顺顺坚持早来园，积极参与班级集体活动，我们还特别为顺顺提供了一个个性展示区，就像一个小型的展览，里面是顺顺每天来到拼插区用他喜爱的拼插区玩具——磁力片呈现出的各种复杂的拼插作品。不久家长就向我们递来了一封关于顺顺变化的感谢信。

1. 主动沟通，增进了解，抡起破冰第一锤。对于顺顺经常迟到，不能正常参与集体活动的问题，教师选择与孩子面对面交流，主动与家长取得联系。全面客观地了解事实经过，就可以全面分析整个事件的根本矛盾点。很多时候教师需要面对形形色色的家长，从而产生畏难情绪，不愿意与个别幼儿的父母进行沟通。但是教师应该拨通第一个电话，打第一声招呼，发出第一个邀请，提出第一个疑惑，并且想出第一个好方法，抡起与家长之间破冰的第一锤。

2. 拓宽沟通途径，丰富沟通形式，提高沟通效率。社会节奏加快，信息量不断增强，但是对于家园共育的工作来说，我们和家长之间的沟通必不可少。网络作为这个新时代的高科技产物，对于我们家园共育方面的工作具有了极大的推动力。半日班这一特别的班级组织模式会在客观上减少许多教师与幼儿的相处时间和机会，也就很容易使得教师不能够充分地了解本班幼儿，家长也会对此产生不信任感和焦虑情绪。顺顺妈妈无疑是一位奔波于工作与家庭的女强人，她是当代宝妈的缩影。在无形压力下的顺顺妈妈可以在百忙之中抽时间与我们进行面对面的交流无疑是一个很大的障碍，但是我们通过微信语音、视频通话，为顺顺拍摄活动照片或是视频传送给顺顺妈妈的形式，一方面让顺顺妈妈了解孩子在园学习与生活的状态，另一方面也可以安抚顺顺妈妈焦虑不安的情绪。

3. 真诚待人，客观做事，尊重每一个孩子和家庭。 世间无难事，只怕有心人！不放松对每一个孩子的关注，面对孩子频繁的迟到，我们没有烦躁与不理解，而是试图通过走进孩子的内心，客观地调查和严谨地分析其中的因果，并秉持着一切为了孩子的初心来与家长沟通，才能够赢得家长的信任与支持。每一个孩子和家庭都是特别的，教师要尊重孩子和家庭的个体差异。增强家长对教师工作的信任感，减少不必要的误解和矛盾。真诚对待孩子和家长，客观严谨地分析问题，家园破冰，携手共助孩子成长。我们需要做的不是批评，不是将顺顺和其他孩子进行对比，不是将顺顺的家庭和其他排除万难全力支持班级活动安排的家庭做对比，不戴有色眼镜看人，不带情绪做事，而是本着解决问题、相互尊重的态度处理问题。

4. 及时调整，循序渐进，方法总比问题多。 工作中的常规活动内容和幼儿原生家庭的固有生活作息习惯是相对固定的，但是教师如何整合和安排一天内班级的各项活动内容，可以尽量满足每一位幼儿都有机会参与到其中才是最大的挑战和考验。在得知孩子不能按时来园造成家长一系列的顾虑和不安之后，我们首先调整了每天集体进食加餐的活动环节，充分尊重每一个孩子的个体需要，分组自选进食加餐的形式，这样一来可以极大地缓解顺顺妈妈心里的不安和焦虑，又可以满足孩子们的基本需要。不管遇到什么问题，办法总比问题多，及时调整可能会产生意外惊喜。

（北京市西城区棉花胡同幼儿园　丁　萌）

六、真情沟通、有效互动，提高与祖父辈家长的沟通效率

在当前社会的大环境下，由于幼儿的父母平日忙于工作，打拼职场，导致年轻的父母们没有更多的时间和精力照顾孩子。在这样的情况下，祖父辈家长便成为日常抚养幼儿的主要力量。老师们都深刻感受到每天入园、离园大多都是祖父辈家长，日常交流也多是和祖父辈家长。尤其是半日小班的幼儿需要在中午时段进行接送，剩余的半天时光中，祖父辈家长则会挑起抚养幼儿的重任。教师与家长能否拧成一股绳，将直接影响到半日日常保教的效

果。因此，如何与祖父辈家长进行沟通，达成家园共育的良好效果，提升半日小班的保教效果，是值得每位教师思考的。

教师发声：

教师1：每次我会很中肯地与班级幼儿的奶奶交流一些培养孩子吃饭的好方法，可是，奶奶就是有自己的立场，基本上不会听老师的，该娇惯还是娇惯。也因此，幼儿的进餐问题没有改善。

教师2：班级一位小朋友的奶奶每次都会很关心地问我孩子的情况，对此我会说孩子的进步，也会说在幼儿园遇到的问题。当奶奶听到问题的时候，脸一下就沉下来，回家向幼儿的妈妈告状。

教师3：班级月月的爷爷异常溺爱孩子。我们一再强调要适当让孩子锻炼，可是每次爷爷依然是背着孩子来幼儿园，拿着糖果来接孩子。

类似的无奈还有很多。祖辈父母对幼儿无条件的爱使教师的教育对策很难向前推进；祖辈父母的过度焦虑降低了对教师的信任度。同时，祖辈父母有如长辈，他们的生活经验丰富，使他们有一种"我是过来人，你要听我的"的强势心态，所以他们对年轻老师缺乏信任，并坚持自己固有的观念和养育方法，从而影响到家园沟通的效果。

幼儿园的各项工作和目标的达成都离不开家长的配合与支持，半日班的幼儿更是如此。在幼儿园半天中建立的好习惯更需要在家中进行巩固和延续。因此，家园要形成常态化的双向沟通，并且形成同一愿景，目标一致，这样才能形成合力。与祖辈家长的沟通能力也是对老师提出的一个新的挑战和要求。教师应当帮助祖辈家长形成当代正确的教育观念，赢得祖辈家长的信任、支持和主动参与，帮助祖辈家长不断学习正确的教养方法。在沟通方法方面，老师们不仅要有良好的情商、口才，更需要通过有效的互动让沟通落在实处，真情意切地带动祖辈家长。

1. 沟通技巧一：贴心细心地照顾幼儿个体需求，及时反馈幼儿在园亮点。祖辈家长对儿女的操心是一贯的，他们为孩子操了一辈子的心，已经形成常态，因此对于孙辈的宠爱和呵护就会更多。祖辈家长在幼儿生活护理等方面的要求很多。每天，教师都会收到不同祖辈家长的叮嘱。对于他们的需求，老师要事无巨细地记录下来，及时完成他们交代的事情。

对于幼儿学习的关键经验和重要内容我们都会经常录制视频推送到班级

群中，尤其是刚入园期间，我们设置"每日一播"的小活动，告诉家长们幼儿一天的收获，同时也传授一些在家中可以实行的好方法。老师的细心和用心，及时反馈会让祖辈家长们感受到老师真实的关注和真诚的付出。也会让祖辈家长感受到老师总是能发现孩子的进步和教师的专业，从而赢得他们的信任。

2. 沟通技巧二：面谈语气要委婉，扬长避短多夸赞。扭转祖辈家长的教育观念不是一朝一夕的事情，而建立他们对老师的信任也需要日常点点滴滴的浸润。祖辈家长是长辈，和这些"过来人"打交道，要把尊重放在第一位。首先，我们对待祖辈家长要谦和有礼，时刻注意言行有礼貌，语气态度充满真诚和亲和力。在和祖辈家长对话时，一定要先认真倾听他们的言语，即使意见相左也不要鲁莽地打断和反驳，要让他们觉得自己是被尊重的。说到底，我们怎样尊重自己的父母和家中的长辈，就要怎样去尊重他们。

其次，祖辈家长最大的特点就是"护犊子"，他们听不惯别人说自己的孩子不好。因此，沟通的时候要掌握良好的"谈话艺术"。当他们问到"我家的孩子怎么样？表现如何？"时，一定不要以为他们是要听你说孩子的问题，老师要注意淡化孩子的缺点，先表扬孩子的优点，再提出一些改进方向，以期望的口吻说出来，会让他们更好地接受。

3. 沟通技巧三：带动祖辈家长参与幼儿园的活动。祖辈家长虽然年长于我们，但是也有自身的优势，他们掌握的一些传统习俗和绝活是很多年轻家长不会的。因此，他们可以来幼儿园做家长助教，教幼儿学本领，例如包粽子、剪纸、做腊八蒜、折纸等活动。我们可以结合节日活动请祖辈家长教给孩子们一些传统习俗，增强孩子们对传统习俗的了解。同时，当祖辈家长参与到班级活动中的时候，他们会亲眼看见老师们工作的辛苦，逐渐对老师的工作感同身受。例如心心的奶奶在参与活动后直观地感受到心心在幼儿园的情况，就很理解老师的良苦用心，促进了彼此之间的配合与信任。月月的奶奶看到了孩子严重挑食的现象后，决定积极配合老师帮月月改掉不良习惯。

4. 沟通技巧四：加大教育宣传力度，举办祖辈家长沙龙及座谈。家长学校可以面向祖辈父母进行宣传和教育。记得一次重阳节的活动，所有爷爷奶奶来幼儿园和幼儿一起玩游戏，游戏结束后，我和爷爷奶奶们展开了沙龙活动，回顾幼儿游戏中的自主学习。在沙龙中，爷爷奶奶们了解了孩子的学习方式和特点。同时，还可以请医务室的大夫为祖辈家长开展针对良好进餐习惯的重要性等内容的讲座。通过家长一些成功的案例进行分享和交流。班级可以给有突出贡献以及积极参与的祖辈家长颁发小奖状，鼓励他们用正确的教育方法帮助孩子们取得了进步。这样，祖辈父母就不会再娇惯孩子了，家长们会在实践的道路上循序渐进地改变观念。

祖辈家长是幼儿园教育的重要资源，正确处理与之相互的关系，掌握正确的沟通技巧，赢得相互信任、支持，才能使家园共育取得良好效果。

（北京市西城区棉花胡同幼儿园　孙　硕）

七、"五个一"活动，有效提升半日班幼儿教育质量

（一）"五个一"家园活动的设计与实施

1. "五个一"活动的目标设定。"五个一"活动的目标设定主要源于我们开学初发放的家长问卷以及小班幼儿的发展需要。开学初，通过浏览问卷以及与部分家长的沟通，我们发现许多家长都渴望在阅读及亲子运动等方面获得具体的指导方法。与此同时，很多小班幼儿因缺失在园另外半日的经验，所以很多能力的掌握不牢固，需要在家进行巩固和提升。具体体现在游戏能力、自我照顾能力、运动能力、语言发展能力等。

为此，基于提升半日班教育质量的目的，满足幼儿、家长的迫切需要，以及幼儿在身体运动、倾听表达、自理能力、规则意识等方面的发展需求，我们设计了"五个一"活动，即每周一本绘本，让孩子爱上阅读；每周一项运动，让孩子身体健康；每周一首歌谣，让孩子乐于表达；每周一个习惯，让孩子学会独立；每周一个游戏，让孩子学会规则。与此同时，通过一周一个表格的方式，将每周的教育目标呈现在表格中，帮助家长了解幼儿在园的活动目标，同时给予每项活动的具体指导建议，方便家长操作，促进幼儿的经验得到稳固的发展。

2. "五个一"活动的内容设计。活动内容的设计，一方面主要挑选适合

小班幼儿年龄特点、现阶段发展需要的经典活动。多以游戏化的形式为主，内容基于活动目标而设定，最大限度地在有限的时间内帮助幼儿实现教育目标，创设属于半日小班幼儿独有的课程体系。

另一方面，我们还会在每周的表格中撰写详细的活动目标，并对家长在家庭中开展相应活动给予详细的指导建议。在设计每周的活动内容时，我们会思考活动目标是否易于家长达成、家长的实际操作是否方便、是否利于家长在家有针对性地科学育儿等，从而使家庭亲子教育建议也成为幼儿园半日小班课程向家庭的延伸。

3. "五个一"活动的组织与实施。

（1）借助线上微型家长会，达成教育共识。为帮助家长与幼儿园统一教育观念，了解"五个一"活动的目的和意义以及"五个一"家园反馈表的具体操作方法，我们开设了线上微型家长会的活动，以视频的形式，帮助家长们省时、便捷地理解"五个一"家园共育课程活动开展的缘由和意义、课程活动内容、课程活动实施方法以及课程活动记录表和使用方法，促进"五个一"活动在家庭内的开展。

（2）借助班务会，及时梳理反思。经过一段时间的探索和尝试，结合家长们在反馈表上撰写的建议，我们班开展了一次关于进一步改善"五个一"活动的班务会。在班务会中，教师们总结梳理了家长们行动和观念上的转变、孩子们的进步以及"五个一"活动对教师自身专业成长的作用。与此同时，大家还提出目前"五个一"活动存在的问题，一同分析原因，反思其中不足，对照原因讨论解决策略，提出下一步实践工作的改善方向，促进"五个一"活动的进一步开展。

（3）借助互动式家长沙龙，及时讨论调整。经过一段时间的探索与尝试，家长们也在实际操作中产生了新的困惑和疑问，为帮助家长们解决共性问题，我们开展了互动式家长沙龙，将内容聚焦在亲子阅读这一方面，聆听家长们的问题，讨论和分享有效开展亲子阅读活动的方法和策略，最后教师将大家的讨论进行梳理和小结。家长们在现场进行操作和实践，满足家长们在开展亲子阅读活动中的需要。

（4）发现幼儿的进步，及时给予鼓励。在每周的活动中，教师要积极创建分享平台，鼓励家长将自己看到的孩子的点滴进步以视频或音频的形式进行分享。在活动开展的过程中，教师也要细致观察幼儿在园的进步，并及时地反馈给家长，促使家长意识到自己的努力没有白费。同时，教师还要及时鼓励幼儿和家长，一方面帮助幼儿树立自信心，更愿意在园、在家参与活动；另一方面，家长看到孩子的进步和教师对自身的鼓励，也会在今后的活动中更加支持和配合教师的工作，获得教育孩子的成功感和自我效能感。

（二）"五个一"家园活动的反思

1. 以"五个一"活动为媒介，促进亲子有效陪伴。通过班级"五个一"活动的开展，许多家长都拥有了与孩子固定相处的时间。原来许多家长由于工作忙，每天回家后就算想和孩子说些什么，也不知如何开口，或开展一些什么样的活动。孩子入园后，"五个一"活动不仅能够帮助幼儿巩固在园知识，更能够让家长以幼儿园的活动为媒介，每天拥有固定的时间与孩子进行有意义的互动，这一活动不仅帮助孩子感受到家长陪伴的温暖，还能够帮助家长和幼儿在开展活动的过程中增进亲子感情。

2. 以"五个一"活动为桥梁，架起家园共育通道。与此同时，"五个一"活动也成为班级开展家园共育工作的有效途径。"五个一"活动反馈表不仅能够帮助家长了解幼儿在园学习的相关内容，了解每一个活动要达成的具体目标，而且能够帮助家长对照表格中的目标及指导建议，在家对幼儿进行科学、有效的巩固和引导。家长们每天与孩子共同巩固后，通过填写表格的方式将孩子的学习情况记录下来，每周一上交给老师，能够帮助老师了解不同幼儿的学习效果和发展水平，也更有利于教师下一步教育教学的开展。在无形中，"五个一"活动也成为连接家庭与幼儿园教育的桥梁，帮助教师和家长更高效地育儿，进而形成良性循环。

3. 以"五个一"活动为契机，实现半日活动向家庭的延伸。在开展"五个一"活动的过程中，教师发现在完成教育目标的同时，家长与幼儿回家后的继续活动会拓展幼儿在园的活动内容，帮助幼儿建立更多、更丰富的认知经验，使孩子们对活动具有更深刻的探索和认识。此外，在延伸活动本身的同时，半日活动向家庭的延伸也逐渐成为一种契机，促进半日小班幼儿的课程体系更加系统化、完整化。

表20 "五个一"家园共育课程活动记录

第　　周　　　　幼儿姓名：

活动时间	项　目				
	一本绘本	一项运动	一首歌谣	一个游戏	一个好习惯
在园活动	绘本阅读《藏在哪里了》。 通过师幼绘本共读和捉迷藏的游戏，让孩子初步理解绘本内容，知道动物的特征，尝试说出动物躲藏的方位。	户外活动"聪明的小鸡"。 通过游戏练习摆臂跑步，并能在游戏中根据铃鼓指令变换速度。	手指谣《五只小猴荡秋千》。 通过将手指谣编成故事，引导幼儿根据手指谣内容，数出数字1～5，体验边说儿歌边动手的快乐。	户外游戏"模仿走"。 通过游戏动起来，让幼儿在模仿动物走路姿势的游戏中，愿意积极参与活动，体验运动的快乐。	好习惯"主动问好"。 通过教育活动《你好小鸟》，引导幼儿和小朋友、老师打招呼说"你好"。初步感受交往的快乐。 通过一日生活的渗透，让孩子有问好的意识。能够用礼貌用语相互问好。
亲子在家活动建议	1. 亲子共读，说一说"谁躲在了哪里？为什么？" 2. 亲子玩捉迷藏的游戏。若家里空间有限，可以藏一些物品。找到物品后，说出藏的方位。 3. 玩"藏在哪里了"的表演游戏。 4. 在家长的支持下，鼓励幼儿独立讲故事，可录音来园分享。	亲子游戏"猫和老鼠"。 玩法：幼儿和家长分别扮演猫和老鼠，玩猫抓老鼠的游戏。 若幼儿当猫，家长在跑的过程中可以将速度调整到适合幼儿的速度。 若幼儿当老鼠，可以设置老鼠快被抓住时停住一动不动隐身的规则，使幼儿可以练习调节身体动作，同时丰富游戏情节。	1. 在空闲时间，家长和孩子一起说说手指谣《五只小猴荡秋千》。 2. 在家长的支持下，鼓励幼儿独立说手指谣，可录音来园分享。	游戏名称：模仿走。 玩法：幼儿和家长在起跑线上准备，当听到游戏口令后，共同模仿3种动物走路。 游戏过程中听口令变化走路，走到终止线视为完成游戏。 完成的小朋友可获得奖励。	1. 家长们在家可以教孩子一些常用的礼貌用语，比如您好、谢谢、对不起、请……并通过情景演示的方式让幼儿知道在哪些情况下用哪些礼貌用语。 2. 家长以身示范。如得到孩子帮助，也要和孩子说谢谢；来幼儿园主动和保安、保健医、老师打招呼。

（续）

活动时间	项　目				
	一本绘本	一项运动	一首歌谣	一个游戏	一个好习惯
星期一					
星期二					
星期三					
星期四					
星期五					
家长想说的话					

八、运用信息技术支持家园共育工作的有效开展

在半日班两年的探索中，我们不断发现"家园共育"在半日制班级工作中尤为重要。取得家长的信任与理解，赢得家长的赞誉与支持，良好的家园共育模式是关键。我园积极尝试建立一条"运用信息技术有效支持家园共育工作开展"的模式。而这一模式的提出也源于我园基于三个方面的考虑：一是基于对"和"的理解。习总书记在"全国教育大会"中指出：要健全家庭、学校、政府、社会协同育人机制，形成全员育人、全过程育人、全方位育人的格局。幼儿的成长是家庭、幼儿园、社会、政府共同的责任和思考，只有四位一体才能让幼儿真正地在和谐的氛围中积极健康地成长。二是基于对"合"的理解。陈鹤琴很早就提出："幼稚教育是一种很复杂的事情，不是家庭一方面可以单独胜任的，也不是幼稚园一方面能单独胜任的，必定要两方面共同合作方能得到充分的功效。"这一思想清晰地表明了家园合力对幼儿成长的积极作用。三是基于半日制班级工作中的真实难处：父母不能来

园接送，但又需要了解幼儿在园的生活。教师与幼儿父母沟通困难，难以开展家庭教育指导。

我园探索出通过"电子记录幼儿生活""微课家园指导""365教育平台管理"信息化手段三位一体，有效实现家园共育工作新模式。

（一）观察小故事——展现"合乐"的幼儿园生活

我园半日制小班只有15名幼儿，教师可以充分地对每一名幼儿进行细致观察。于是我们利用这一优势开展了"我给幼儿记故事"的活动，教师用相机记录下孩子在幼儿园生活的精彩镜头，用简拼等现代图片处理软件配上简短文字，形成一篇篇生动有趣的幼儿园生活写真画页。教师通过微信私信给幼儿的父母。教师也将班中的精彩活动用秀米编辑器进行编辑后，通过微信群及时推送给家长。满足家长了解幼儿在园情况的需求，建立了教师与家长之间良好的情感关系。

许多家长自愿地参与到"我为幼儿记故事"的活动中来，通过家长的视角记录下幼儿在家中的成长与变化，将作品带到幼儿园来与教师和其他小朋友分享。

在这样的良性互动中，不仅家长了解了幼儿园的快乐生活，教师也了解了幼儿在家中的生活情况。在幼儿自己分享家中有趣的经历过程中，也会因为一个小朋友的经历引发许多孩子的兴趣与关注，从而促进班级主题活动的生成。如小四班"神奇的蛋宝宝"就源于幼儿分享自己在假期中到乡下掏鸡蛋的经历，孩子们猜测她掏的是什么动物的蛋，进而引发了一系列的班级活动。这种良性的互动自然而然地实现了家园共育，美美与共的教育理想。

（二）合力小课堂——建构线上微课课程体系

"合力小课堂"是我园立足于幼儿发展和贯通培养整体工作设计思路而开展，分为三个阶段四大版块。三个阶段以幼儿在园时期划分为入园前阶段、小班上学期与小班下学期。四大版块分为入园适应准备、自理能力、常规培养、体能锻炼。课程由年级组教师共同策划、设计并开展。利用"微课视频＋微信群互动"的方式，积极利用家长微信群与幼儿、家长互动交流，以达到实现家园共育和对家庭教育指导的任务目标。

1. 入园前阶段——心心相牵、手手相连。在入园前阶段以指导家长开展幼儿入园适应的准备活动，以"婴幼衔接"为课程重点。活动围绕"入园人际适应""入园环境适应""入园活动适应"进行课程的设计与录制。

入园人际适应准备包括教师自我介绍、幼儿自我介绍、微信群师幼互动。

入园环境适应准备包括园级环境认识和班级环境介绍。园所环境认识有音乐教室、美术教室、阅读教室、小厨房教室；小花园、中院、后院等户外操场。

入园活动适应准备包括教师根据小班幼儿的年龄特点，设计并录制了不同领域的活动内容，有生活活动、美工活动、音乐活动、语言故事、手指游戏、体育游戏、亲子游戏等微课视频。

每天通过短短的几分钟微课学习与半小时互动交流，小朋友们纷纷在家中进行尝试，并反馈到微信群中。让孩子们在微课互动中初步了解老师，熟悉老师的声音与相貌，帮助孩子们减少第一天来园的排斥心理和陌生感。教师对每一个勇于挑战、大胆参与的孩子都给予鼓励和肯定。在鼓励与肯定中，幼儿自然地与教师建立了积极情感，也期盼着赶快来到幼儿园见到教师。这样的互动方式让幼儿在入园前就对幼儿园生活产生了向往。在微信群中，很多小朋友都通过语音的方式表达了想来幼儿园的激动心情。

2. 小班上学期阶段——心系幼儿、合力解难。小班上学期阶段根据幼儿在园生活中的困难环节，以幼儿自我服务能力为重点开展课程设计。具体课程内容有洗手、擦手、喝水、接水、剥吸管、喝酸奶、打开奶酪棒。课程开展以"三步走"的方式进行。教师先在园中开展引导活动，通过朗朗上口的小儿歌帮助幼儿习得以上内容的方法。第二步通过视频微课推送，引导家长在家中有针对性开展复习和巩固。第三步回到园中，在生活中加强巩固。

微课视频有利于家长在家庭中开展共同和统一的教育。幼儿的父母接收到微课视频后，可以在家庭群中分享，便于家庭所有成员了解幼儿的学习内容，从而帮助幼儿学习和巩固。通过这样的方式，引导家长更好地成为教师的合作者。

3. 小班下学期阶段——能力储备、快乐升班。这一阶段课程的设定原于第一批小班半日幼儿升入中班后，我们与中班教师座谈活动中教师的反馈。因此，小班下学期阶段"合力小课堂"的重点是为升入中班整日生活做能力准备。

涉及的内容有：

自理	进餐	体能锻炼
穿套头衣	用勺	10 米往返跑
穿裤子	取送餐具	立定跳远
穿袜子	擦嘴	网球掷远
穿鞋	添饭会表达	坐位体前屈
穿开衫	进餐礼仪	双脚连续跳
拉拉锁、系扣子	饭菜搭配吃干净	平衡木

每一节微课除了用视频的方式向幼儿和家长进行正确的方法示范外，还通过"对爸爸妈妈说的话"实施教育建议，更加突出对家长的家庭教育指导。在教育建议中，我们会根据每个微课内容中幼儿易出现的问题向家长一一说明，并提出合理的指导建议。

（三）365 教育平台——家庭教育指导好帮手

365 教育平台依托国家幼教频道，在信息化背景下实现家园共育工作的专业化、常态化。可以通过《学前在线》栏目了解和学习幼教资讯、专家观点、政策解读等相关内容。借助亲子平台，在教师的指导下，家长在园外或家庭实施科学育儿。365 教育平台由班级教师管理，每周发布活动指导内容，内容涉及"亲子活动""班级活动推进信息""自理能力培养"。活动形式有亲子游戏、亲子制作、亲子陪伴。本学期"365 教育平台"活动与"合力小课堂"微课活动结合。每周在园级微信公众号中推送"合力小课堂"微课内容，在 365 教育平台发布亲子活动信息，家长根据教育平台上发布的信息开展家庭教育活动，并将幼儿在家中的学习情况用照片的方式上传到 365 教育平台中。

我园利用信息技术开展家园共育工作的三种途径形成了良好的循环模式。"照片故事"向家长传递良好的教育观念，用现代化的方式建构新的沟通渠道。"合力小课堂"实现家园共育的实践指导，用现代化的方式做好当下教育工作，提升工作质量。"365 教育平台"实现家园共育实践的反馈机制，用现代化且优质的教育资源，支持教师的管理工作。

三者不断循环与交互作用，良好地解决了我园半日制班级中教师与父母沟通困难的问题，父母都非常清楚幼儿在园的生活与游戏，了解教师的教育意图，从中更多感受到教师的师德、责任感及专业性，进而也愿意积极配合园中的各项工作，成为幼儿成长教育中的一员，实现幼儿园和家庭双边合作，最终达到教育上的合作共赢和和谐发展。

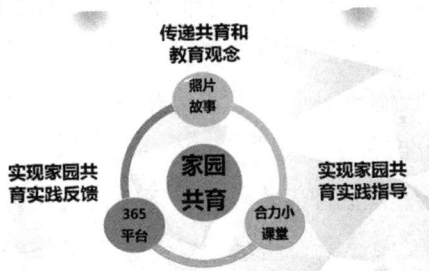

基于对现代教育的思考和实践，我们只有在课程设置、供给方式、教学模式、教育过程上进一步优化，才能适应和满足现代化的要求。只有不断思考现代家园共育中的实际问题，大胆创新与改革，才能不断探索满足个性化教育的新模式，探索家园社协同教育的新思路。

（北京市西城区三教寺幼儿园　韩　鸫）

九、共情、共享、共赢——努力成就半日班幼儿的快乐与发展

（一）共情——让家园之间更紧密

老师们可能会问，你们初次开办半日班，就没有遇到过什么问题吗？当然遇到了。回想家访时，家长们各种关心的问题："孩子只有半天时间在园，发展会不会受影响啊？""孩子只来半天幼儿园，剩下那半天怎么办？"等等……

理念是一切教育行为的依据，有了正确的理念做支撑，我们的实践才不会偏离。半日班在我园"做真正的自己"的理念下，努力支持每一个幼儿成

为自己、成就自己。本着小、细、实、精的原则，教师和家长紧密联系、细致沟通，首先寻求教育理念上的一致，才能实现心往一处想，劲儿往一处使。老师们秉承幼儿园先进的教育理念，坚持把工作落到实处，全身心地服务幼儿、服务家庭、服务社会。

1. 前期准备要周全。

（1）在入园前，我们和社区合作，组织开展免费的社区早教活动，为即将入园的周边幼儿提供教育支持，孩子们通过和老师们一起游戏，熟悉教师和幼儿园活动，为之后的入园做好准备。

（2）提前进行家长调研，全面了解幼儿及家庭育儿现状，为后期各项工作顺利开展做好充分准备。

（3）班级教师在开学前的寒暑假进行百分百入户家访，做好汇总、分析和总结，并结合幼儿发展、家长需求做好新学期工作的顶层设计。在幼儿入园后，结合孩子的具体情况和家长需求，随时安排家访，进行一对一的家教指导。

（4）为了给半日班家长提供直观具体的指导，我们几经修改制作了《学龄前儿童口袋书》，在幼儿入园前送到每个家庭中。里面包括交流篇（提供亲子观念的文章）、亲子篇（提供有主题的亲子游戏）、健康篇（帮助幼儿养成良好习惯）、教养篇（解答调研中家长的实际教养难题）、动手篇（动手动脑发展幼儿小肌肉动作）。

（5）在幼儿入园初期，根据每个幼儿的不同生活习惯，自主选择上午或者下午半天活动，灵活的形式加之入园前细致周到的准备，大大减轻了孩子们的分离焦虑，帮助幼儿很快适应了幼儿园的生活。

2. 家园工作要贴心。

（1）开展不同形式的家长工作，如互动式家长会、远程教育、线下活动、微课堂等，引导家长们理解"一日生活皆课程"和幼儿园主体性教育理念。

（2）通过每月"家长指导手册"的传递，将正确的教育理念延伸到每个家庭中。除了基础性课程和主题游戏课程，我们根据前期半日班幼儿发展的调研结果，着重从半日班幼儿相对较弱的生活自理、运动能力和社会交往三方面开展丰富多彩的室内外活动，支持半日班幼儿全面发展。

（3）教师每天以图文并茂的形式，真实记录幼儿成长，建立幼儿成长档案，让家长了解幼儿在园生活游戏。

（4）从幼儿园到家庭，教育延伸发展不停。半日班教师将幼儿在园生活游戏的照片制作成《幼儿一日生活小书》及主题微视频，定期发给家长们，大大提升了亲子时光的陪伴质量，为家园共育开辟了新天地。回家后，孩子们翻看着小书，主动和爸爸妈妈、爷爷奶奶介绍《口袋小书》和微视频中的游戏，有的小朋友还扮成小老师教家人做游戏，不仅提升了亲子互动质量，还让家长们更加了解幼儿在园的快乐生活，理解了"一日生活皆课程"的教育理念。

慢慢地，家长的顾虑消除了，家长和孩子们都爱上了半日班这个大家庭。通过调查统计，去年半日班幼儿出勤率在90%以上，今年班额增多了，平均出勤率也在85%以上，家长满意率为100%。

（二）共享——让育人氛围更浓郁

习近平总书记在党的十九大报告中提出"努力让每个孩子都能享有公平而有质量的教育"，为新形势下做好学前教育工作指明了奋斗目标和正确方向。针对半日班，如何切实让孩子们享受到优质而公平的教育资源，为每个幼儿提供更多发展的可能呢？

（1）首先，在师资配备上，幼儿园从半日班幼儿的发展考虑，多维度配备教师。一是新老教师的组合，二是有半日班经验和没有半日班经验的教师的组合，同时还考虑高级教师、区级学科带头人、党员、首席教师的相互配备。

（2）充分利用美工教室、图书屋、科学探索馆、儿童生活体验馆等特色活动资源，在大班哥哥姐姐开展特色游戏的时候，开展大带小活动，半日班的幼儿也会参加大型活动。

（3）定期组织开展"家长学校""家长微课堂"活动，邀请营养专家、首席教师给家长们进行幼儿营养保健、体能游戏等专题讲座，给半日班家长提供更多的育儿指导。

（4）由于半日班幼儿都住在幼儿园周边，社区居民相互熟悉，半日班开展的早教宣传活动让周边居民有了共同话题，在育儿观念更新的同时，邻里之间也更加和谐。

（三）共赢——让成长与发展看得见

如果说家园共育是一件共赢的事情，那我们共同的成就感就来自于我们的孩子。我们相信每一个孩子都是有力量、主动的学习者。为了支持幼儿自主、快乐、全面且富有个性地发展，我们思考如何家园合力，使半日班的活动更加生动、活泼，实现幼儿园、孩子、家长共同发展呢？

（1）随着家园互动的不断深入，家长们开始主动走进课堂，积极参与到幼儿园的教育中。不同于全日班的是，除了爸爸妈妈进课堂活动，爷爷奶奶也积极参与到幼儿园活动中，把传统文化活动带到幼儿园，带给孩子们。

（2）为了支持半日班幼儿的全面发展，我们以每周一升旗仪式为契机和平台，鼓励半日班小班孩子们做小旗手。小朋友自己主持、当小指挥、分享班级活动等。小小的一个升旗仪式，让半日班的小班幼儿收获了自信，收获了勇敢。

（3）"一月一节"活动不仅仅是半日班幼儿日常"主题活动"的高潮呈现，更重要的是给孩子们提供了更多自主选择、自我展示、自我探究的过程。在打破班级界限的活动中，为孩子们提供了更多交往的机会和发展的空间。

（4）定期举行家长开放日活动。邀请家长们走进幼儿园，走进班级，亲身参与孩子们的活动，让家长更好地了解孩子在幼儿园的学习生活情况，帮助家长不断获取新的教育理念，增进幼儿园、教师、家长之间的联系与沟通，更好地达到家园共育的目的。

（5）将园庆活动融入幼儿一日活动中，半日班的孩子们从给幼儿园过生日这一话题开展主题活动，获得了多种能力的发展。

何谓共赢？我想就是通过幼儿园、班级教师的努力研究与探索实践，收获每一名半日班孩子的快乐与发展，让家长们真正感受到来自幼儿园的诚意、承诺、成绩，从共情理解到共享支持，这就是共赢，也是支持我们不断探索研究的动力！

（北京市北海幼儿园　李桂芝）

图书在版编目（CIP）数据

幼儿园半日班家园共育教师工作手册 / 乔梅，张平，陈立主编 . —北京：中国农业出版社，2021.6
ISBN 978-7-109-28022-9

Ⅰ . ①幼⋯ Ⅱ . ①乔⋯ ②张⋯ ③陈⋯ Ⅲ . ①学前教育—教学参考资料 Ⅳ . ①G613

中国版本图书馆 CIP 数据核字（2021）第 043842 号

幼儿园半日班家园共育教师工作手册
YOUERYUAN BANRIBAN JIAYUAN GONGYU JIAOSHI GONGZUO SHOUCE

中国农业出版社出版
地址：北京市朝阳区麦子店街 18 号楼
邮编：100125
责任编辑：马英连
版式设计：王　晨　　责任校对：沙凯霖
印刷：北京万友印刷有限公司
版次：2021 年 6 月第 1 版
印次：2021 年 6 月北京第 1 次印刷
发行：新华书店北京发行所
开本：700mm×1000mm　1/16
印张：11
字数：200 千字
定价：38.00 元